四川省哲学社科规划项目"人口老龄化背景下的消费养老保险模式研究——以四川省为例"（No.SC13C002）

区域公共管理信息化研究中心"大数据背景下基于闭环效应的消费养老模式构建研究"（No.QGXH15-10）

四川省科技厅软科学项目"人口老龄化背景下四川省多元化的养老金筹集渠道构建研究——基于消费养老运行模式的探索"（2015ZR0208）

西南石油大学人文专项基金资助(2017RW018)

人口老龄化背景下的消费养老保险模式研究

——以四川省为例

赵艺◎著

中国社会科学出版社

图书在版编目（CIP）数据

人口老龄化背景下的消费养老保险模式研究：以四川省为例/赵艺著．—北京：中国社会科学出版社，2017.5
ISBN 978 - 7 - 5161 - 8426 - 4

Ⅰ.①人… Ⅱ.①赵… Ⅲ.①养老保险制度—研究—中国 Ⅳ.①F842.67

中国版本图书馆 CIP 数据核字（2016）第 138271 号

出 版 人	赵剑英
责任编辑	王　曦
责任校对	周晓东
责任印制	戴　宽

出　　版	中国社会科学出版社
社　　址	北京鼓楼西大街甲 158 号
邮　　编	100720
网　　址	http://www.csspw.cn
发 行 部	010 - 84083685
门 市 部	010 - 84029450
经　　销	新华书店及其他书店

印　　刷	北京明恒达印务有限公司
装　　订	廊坊市广阳区广增装订厂
版　　次	2017 年 5 月第 1 版
印　　次	2017 年 5 月第 1 次印刷

开　　本	710×1000　1/16
印　　张	10.75
插　　页	2
字　　数	168 千字
定　　价	39.00 元

序　言

　　西方大部分工业化国家早在老年人开始消耗大量国家资源之前就实现了繁荣，而中国"未富先老"现象比较严重，养老金筹集问题对政府、家庭及个人形成了较大的经济压力。为防止养老金收不抵支缺口的扩大，积极开拓和正确选择养老金筹集渠道势在必行，这既关系到全体公民为全面建设小康社会而共同努力的决心，也是巩固党的执政地位的重要保证。

　　本书提出将消费养老保险模式作为弥补现有养老金筹集渠道的一种方式，不仅从理论方面围绕该模式的建立进行了深入的探讨，而且结合实践提出了该模式的操作办法，成果兼具良好的理论价值和应用价值。

　　本书内容有什么亮点呢？第一，书中针对养老金体系中的历史性遗留问题，开宗明义地提出做实养老金个人账户的基本思路是"开源"而不是"节流"，是把养老金"蛋糕"做大而不是"拆东墙补西墙"，不靠、不坐、不等，自食其力地解决"钱从哪里来"的问题，针对该论点的阐述行文流畅、观点鲜明。第二，书中对消费养老保险如何推行开展了系统的可行性论证，结合试点地区养老金余缺情况、地方财政支持力度、居民平均收支水平、消费习惯、保险产品市场发达程度等多方面进行分析，论证思维严谨、有序，彰显了作者扎实的理论功底和严密的思辨能力。第三，本书提出在建立政府支持、企业主导和居民参与的"三位一体"消费养老保险运行模式中，存在参与主体内部及其相互之间的利益博弈，并将经济学博弈论和管理学工具相结合，提出如何解决企业和居民之间、保险公司与居民之间以及政府和企业的利益博弈问题，反映出作者具备善于利用跨学科知识、解决养老保障问题的能力。

本书在研究框架和研究方法上有什么特点呢？第一，书稿内容服从于总体设计，框架完整，思路清晰，各部分之间存在有机联系，不是拼盘。书稿七个部分之间具有紧密的内在逻辑联系，形成有机的整体。第二，课题组成员是在文献梳理、理论分析以及掌握宏观资料数据的前提下，在对南岸区、渝北区、渝中区、沙坪坝、南岸区、九龙坡、江北区、大渡口、北部新区、北碚区和巴南区的160家消费养老保险项目加盟商户，以及渝北区、九龙坡和北部新区的600名重庆市民进行问卷调查、深度访谈和案例研究的基础上得出了该书稿的结论，而且这些调查都是赵艺老师本人带着研究生一个点一个点地做下来的。他们的辛勤劳动使得书中的分析和结论具有一定的可靠性和较翔实的基础。

本书作者赵艺老师自2006年以来从事养老保障问题研究，形成的一系列研究成果，这本书，是她对前一阶段科研工作的总结，是一个阶段的结束，但更希望它标志着一个全新和更高的阶段的开始，随着我国养老保障事业的推进，理论、政策和实践上会有更多的问题需要我们探索并给出答案。

国务院特殊津贴专家
刘鸿渊

前　言

　　卧冰求鲤、扇枕温衾、哭竹生笋、拾椹供亲……中华民族的孝文化在众多感人至深的故事中得到传承与发扬，敬老孝老是我国养老的文化基础。孝文化和"父母在不远游，游必有方"的儒家思想为我国传统的家庭养老模式提供了保障。然而，自1978年改革开放以来，中国人口流动性逐渐增大，农村人口流向城市，中小城市人口流向大城市，导致子女远离父母、传统的大家庭被小规模家庭所取代，这使家庭养老失去了最基本的物质基础。同时，人口老龄化也日趋严重，根据第六次人口普查数据显示，截至2010年11月，我国60岁及以上人口占13.26%，比2000年人口普查上升2.93个百分点，其中65岁及以上人口占8.87%，比2000年人口普查上升1.91个百分点。[①] 按国际通常的观点来看，一个国家或地区65岁及以上老年人的数量占人口总数的7%，或者60岁及以上老年人的数量占人口总数的10%，这就意味着这个国家或地区处于老龄化社会。沉重的老龄人口扶养比率，给子女带来巨大的经济压力，这种压力将对我国固有的亲子双向反馈文化传统造成冲击，进而冲击我国长久以来固有的家庭养老模式。

　　随着社会经济的不断发展和人民物质财富的增加，完善的社会保障制度能够起到良好的维持稳定和"缓冲垫"的作用，还能对社会和谐与公平秩序的实现起到必要的调节作用。因此，改革中的中国养老，对养老金筹集渠道进行多元化的设计势在必行。

　　从世界各国的经验来看，基本养老保险、企业年金和商业养老

---

　　① 《第六次全国人口普查主要数据发布》，中华人民共和国国家统计局网站，ht-tp：//www. stats. gov. cn/tjfx/jdfx/t20110428_ 402722238. htm，2016年1月6日。

保险是构成一个国家养老保障体系的三大支柱，我国也正在构建这种多层次的养老保障体系。但现实数据表明，2014 年我国基本养老保险替代率仅达到48.2%，仅覆盖了80%左右的劳动者；企业年金制度的覆盖面更低，全国仅占不足20%。因此，我国仍有大批劳动者无法通过基本养老保险来满足基础层次的养老需求，也无法通过参与企业年金计划来改善养老生活质量。虽然商业养老保险有较大的发展空间，但由于投保成本较高，在中低收入水平居民中推广存在一定的阻碍。因此，需要探索一种养老保障资金筹集的补充途径，缓解养老保障制度体系的压力，达到减轻政府财政压力、提高人民社会保障水平和生活质量的目的。

消费养老保险项目借助"互联网＋消费、互联网＋养老保险"的思维形成了对传统消费、投保模式的冲击和挑战。在其实施过程中，消费者个人能够低成本、便捷地获取一份保险产品，同时也为相关企业扩大了客户群，通过有效、精准地挖掘客户需求为其产品拓宽市场、实现盈利创造了广阔的商机。消费养老保险的运行和在更大范围内推广，将有效提升其在养老保障体系中所处的位置，对现有的社会保障体系产生有益的完善和补充作用。因此，消费养老保险将与其他保障制度一样，在提供居民基本物质生活保障、维护社会秩序稳定、调节经济运行秩序、促进可持续发展以及体现社会和谐公平方面均具有不可替代的影响力。

本书研究内容包括以下部分：

第一章为绪论，介绍本书的研究背景、研究意义、研究内容、研究方法和技术路线。

第二章为文献综述，从国内和国外两个方面对消费养老保险相关文献进行梳理。

第三章为我国养老保险体系的运行现状。本章对我国"三支柱"养老金保障体系现状进行分析，利用定性和定量分析相结合的研究工具，指出基本养老保险、企业年金和商业养老保险在目前运行中存在的关键问题，并对各支柱对老年人退休后生活质量的保障能力进行评估。

　　第四章为消费养老保险的基础理论研究。本章基于新制度经济学理论、福利多元主义理论等理论研究框架，明确了消费养老保险的概念、属性特征及功能。

　　第五章为消费养老保险运行现状和存在的问题。本章通过对消费养老保险模式在国内外的试点运行方案进行研究，指出存在的问题，并提出改进的方向。

　　第六章为消费养老保险模式在四川地区的构建研究。本章从必要性和可行性两个方面对消费养老保险模式进行了研究，提出政府、企业和居民"三位一体"的运行模式，并对参与主体的行为进行分析，从利益博弈的认知角度对在运行中可能产生的问题做了预见性研判。

　　第七章为研究结论与政策建议。在提出运行模式的顶层设计方案的基础上，厘清配套的运行机制，以保障该模式的可持续运行。

　　通过研究发现，消费养老保险对于构建多元化的养老金筹集渠道具有不可忽视的贡献意义，它能够有效应对养老金筹集渠道匮乏的现状；有利于培育养老产业集群，拉动当地多行业、多层次就业，实现地方政府养老金和税收双丰收。本书研究成果能够辅助政府相关职能部门设计并采取合理有效的政策措施，帮助其考察消费养老保险实施过程中存在的困难、可能产生的影响，不仅可以提高消费养老保险运行模式构建的科学性和针对性，也能对引导和促进社会保障相关产业的健康发展产生重要的应用价值。不可否认的是，为了有效拓展消费养老保险模式的发展空间，其自身的运行与发展是主导力量，同时国家经济发展水平的影响作用也不容忽视。只有通过国家政策的支持及全社会共同努力，才能使其在实施过程中释放巨大的社会效应、经济效应。

　　最后，请广大读者对本书提出宝贵意见，以便日后再次进行修订。

赵　艺

2017 年 3 月

摘　要

本书从对消费资本论研究成果的梳理入手，对消费养老保险的含义作出界定，揭示消费养老保险的产生、演进、内在机理，论证消费养老保险在我国开展的可行性，既丰富了消费养老保险理论体系，又为充分巩固补充养老保险在养老金体系建设中的地位提供了理论支持。相较已有的研究成果，本书在以下几个方面取得了进步。

第一，现有的消费养老保险理论研究尚停留在提出概念的阶段，国内外学者的理论研究基础是消费资本论，虽然消费资本论中"消费行为也是投资行为"的核心思想是消费养老保险概念提出的本源，但消费养老保险模式能否成功构建取决于政府、企业和居民三方参与主体内部以及相互之间的利益博弈，本书在对其内在机理的研究中，以消费资本论、公共产品理论和信息不对称理论为支持，厘清三方主体的利益博弈关系，提炼内在运行机理，有助于消费养老保险理论体系构建的完整性。

第二，现有研究中以消费养老保险在部分试点地区运用的经验为研究对象，针对其在我国实施的可行性论证的研究较少，本书充分考虑了在消费养老保险模式的运用条件中地方经济、财政、居民收支水平、消费习惯等因素所带来的经济、社会复杂性，开展可行性论证，力图有效识别消费养老保险模式的优势以及在实施过程中面临的困难和障碍，扬长避短，充分发挥其在养老金体系建设中的作用。

此外，本书研究的问题需要交叉运用社会学、经济学、管理学、计算机科学等多个学科的知识，研究成果对于促进跨学科知识融合、拓展学术视野也具有显著的作用。

Abstract

Based on the research findings of the Comsumption Capital Theory, this book defines the concept of the consumption endowment insurance, reveals its formation, evolution and internal mechanism, and demonstrates the feasibility of its application in China. By doing this, not only the theoretical framework of the consumption endowment insurance is enriched, but also consolidates the status of compensatory endowment insurance in the pension system construction. Compared with the existing research, this book makes a progress in the following aspects.

First, the research on the exiting consumption endowment insurance theory still stays in the stage of defining the concept. The research of scholars from home and abroad is based on the Consumption Capital Theory, even though the core issue of Consumption capital theory reveals that " consumer behavior is also a form of an investment behavior", which puts forward the consumption endowment insurance concept, however, the possibility of building the consumption endowment insurance model successfully depends on the game relation among government, enterprises and residents, which constitute the main bodies. This book performs the research on its internal mechanism, supported by the Consumer Capital Theory, Public Goods Theory and Information Asymmetry Theory, clarifies the game relation among the participating bodies, refines the inner operating mechanism, and helps build the integrity of consumption endowment insurance theoretical system.

Second, the existing study on consumption endowment insurance revolves around the application experience in some pilot areas, however, the research on the feasibility of its implementation is scarce. This book gives full consideration to local economy, finance, residents' income level, consumption habits and other factors brought by the complexity of economy and society, carries out the feasibility analysis of consumption endowment insurance mode, effectively identifies the advantages, difficulties and obstacles in the implementation process, making best use of strengths and bypassing the weaknesses, so that its role in pension system construction could be fully played.

In addition, the research is crossed by Sociology, Economics, Management Science, Computer Science, and other disciplines of knowledge. Research findings may place strong significance on the merging of interdisciplinary knowledge and expanding academic horizons.

目　录

第一章　绪论 ……………………………………………………… 1

　第一节　研究背景 ………………………………………………… 1

　　一　人口老龄化程度加剧 ……………………………………… 1

　　二　"未富先老"引发诸多社会经济问题 …………………… 2

　　三　养老金筹集渠道匮乏 ……………………………………… 5

　第二节　研究意义 ………………………………………………… 6

　　一　理论意义 …………………………………………………… 6

　　二　应用意义 …………………………………………………… 7

　第三节　研究内容 ………………………………………………… 8

　第四节　研究方法和技术路线 …………………………………… 9

　　一　研究方法 …………………………………………………… 9

　　二　技术路线 ………………………………………………… 10

第二章　文献综述 ……………………………………………… 11

　第一节　国内研究综述 ………………………………………… 11

　　一　消费养老保险的概念 …………………………………… 11

　　二　消费养老保险的特征 …………………………………… 12

　　三　消费养老保险的优势 …………………………………… 12

　　四　消费养老保险的可行性 ………………………………… 12

　　五　消费养老保险的风险 …………………………………… 13

　第二节　国外研究综述 ………………………………………… 14

　　一　养老保险对居民消费水平的影响 ……………………… 14

　　二　社会保障制度改革对消费行为的影响 …………………… 16

第三章　我国养老保险体系的运行现状 …………………… 18

　第一节　城镇职工基本养老保险 …………………………… 20

　　一　概述 ………………………………………………… 20

　　二　文献回顾 …………………………………………… 21

　　三　现状研究 …………………………………………… 22

　第二节　企业年金 …………………………………………… 24

　　一　概述 ………………………………………………… 24

　　二　文献回顾 …………………………………………… 27

　　三　现状研究 …………………………………………… 28

　第三节　商业养老保险 ……………………………………… 37

　　一　概述 ………………………………………………… 37

　　二　文献回顾 …………………………………………… 40

　　三　现状研究 …………………………………………… 41

第四章　消费养老保险的基础理论研究 …………………… 49

　第一节　新制度经济学理论 ………………………………… 49

　第二节　消费与储蓄总量的均衡 …………………………… 51

　第三节　福利多元主义理论 ………………………………… 52

　第四节　消费资本论 ………………………………………… 55

　　一　消费资本论的历史渊源 …………………………… 55

　　二　消费资本论概述 …………………………………… 58

　　三　消费资本论的理论意义和实践价值 ……………… 59

　第五节　消费养老保险的概念、属性特征及功能 ………… 60

　　一　消费养老保险的概念 ……………………………… 60

　　二　消费养老保险的属性特征 ………………………… 61

　　三　消费养老保险的功能 ……………………………… 63

第五章　消费养老保险运行现状和存在的问题 ……………… 68

　第一节　英国 NECTAR 通用积分模式 ……………… 68

　第二节　美国优诺公司积分项目 ……………… 69

　第三节　我国积分宝项目 ……………… 71

　　一　项目简介 ……………… 71

　　二　重庆地区项目运行的调研 ……………… 72

　　三　消费养老保险运行模式存在的问题 ……………… 80

第六章　消费养老保险模式在四川地区的构建研究 ……… 94

　第一节　必要性 ……………… 94

　　一　定性分析 ……………… 94

　　二　定量分析——四川省基本养老金缺口测算 ……… 95

　第二节　可行性研究 ……………… 105

　　一　提出了一种针对大众市场的新型商业模式 ……… 105

　　二　实体项目的运行为消费养老保险的
　　　　落地运营奠定了基础 ……………… 107

　　三　信息科学技术为消费养老保险模式的
　　　　运营奠定了技术基础 ……………… 108

　　四　预测收益可观对消费者和加盟商家、
　　　　企业具有吸引力 ……………… 109

　　五　统计分析 ……………… 112

　第三节　"三位一体"运行模式的构建研究 ……… 115

　　一　"三位一体"消费养老保险模式概述 ……… 115

　　二　"三位一体"模式的意义 ……………… 122

　　三　"三位一体"模式实施效果的定量测算 ……… 123

　　四　保障机制 ……………… 126

第七章　研究结论与政策建议 ……………… 130

　第一节　研究结论 ……………… 130

第二节　政策建议 ·· 132

　　一　提升政府的政策支持力度 ···················· 133

　　二　建立以法律法规为准绳的全面监管体系 ······ 134

　　三　推广多管齐下的宣传模式 ···················· 135

　　四　打造项目示范区，从实践中积累经验 ········· 136

　　五　加强运营团队业务能力，保障实施的
　　　　安全性和规范性 ····························· 137

　　六　推行消费养老保险产品的多波段设计 ········· 137

　　七　加强养老金的监管 ·························· 138

第三节　总结 ·· 139

第四节　研究局限与不足 ······························· 139

附　录 ··· 141

　　附录1　消费养老保险项目加盟商调查问卷 ·········· 141

　　附录2　四川省消费养老保险项目的可行性论证调研 ······ 142

参考文献 ··· 146

后　记 ··· 152

第一章　绪论

第一节　研究背景

一　人口老龄化程度加剧

学术界通常用两个现象来描述人口老龄化状况：第一，从相对占比看，老年人口占总人口的比例持续上升；第二，社会人口结构呈现出老年状态，进入老龄化社会。国际专家、学者普遍认为：在一个国家或地区的总人口中，60 岁及以上老年人口的占比达到 10% 或者 65 岁及以上老年人口占比达到 7%，同时 14 岁及以下人口占总人口比重低于 30% 并逐渐缩小，这个国家或地区就被称为进入老龄化社会。

随着我国社会经济和医疗事业发展步伐不断迈进，居民的物质生活水平发生了显著的改善，老年人口因疾病去世的概率大幅降低，人口平均寿命延长。同时受到西方新思潮和日益增加的工作、生活压力的影响，越来越多的青年夫妇延迟生育下一代，甚至成为"丁克"家庭，致使我国生育率降低。以上因素的叠加效应推进了我国人口老龄化进程，由此引发的诸多问题在社会生活中也愈加凸显。

相较于西方国家，我国人口老龄化现状呈现出独有的特征：第一，人口老龄化的高峰提前来临。自 20 世纪后期，国家通过计划生育政策的推行控制人口剧增，在迅速降低人口出生率的同时也加速了人口老龄化进程。毋庸置疑，我国人口老龄化高峰提前到来了。

第二，社会经济水平的发展与人口加速老龄化的状态步调不一致。西方大部分工业化国家早在老年人开始大量消耗国家资源之前就实现了繁荣，呈现出"先富后老"。这就意味着大部分西方国家在进入老龄化社会以前，就奠定了丰厚的物质基础。根据统计，其人均GDP达到了20000美元以上。然而，与之形成鲜明对比的是，以截至2015年的统计数据为参考，我国人均国内生产总值约为8280美元，在所有国家中名列第73位，凸显出经济发展水平相较人口老龄化程度的显著滞后性。因此经济实力的薄弱为妥善解决老龄化问题带来了较大障碍。第三，在解决人口老龄化问题的同时，我国还面临着重重改革难题。为了带领人民群众稳步迈进小康社会，在建立和完善社会主义市场经济体制过程中，不仅要通过实施有效的改革措施保证经济的可持续发展，还要维护人民群众生活的稳定秩序，在多重任务相互交织的背景下，如何更有效地解决人口老龄化问题，相较于发达国家而言就显得更加繁杂。

作为我国人口大省的四川，2010年的第六次全国人口普查数据显示，65岁及以上老年人口达623.2万人，占总人口的7.24%，老龄化程度居全国第二。研究报告数据预测，"最迟在2027年，四川省60岁及以上老年人口将达总人口1/4以上；最迟在2036年，四川省60岁及以上老年人口将达总人口1/3以上。"[①] 面临激增的老龄人口比例，如何有效应对人口老龄化加剧所带来的养老经济负担成为事关民生的重要问题。

二 "未富先老"引发诸多社会经济问题

首先，"未富先老"缺口不断扩大制约了经济增长规模。虽然在过去的30年间，中国在经济发展速度和居民人均收入增幅两方面取得了显著增长，但人口老龄化的增长速度超过了经济发展水平的提升。呈现这样的特点可以追溯到20世纪70年代，受生育率大幅降低的影响，中国的老龄化速度普遍超过其他发展中国家的均值。

---

① 参见四川省老龄办《基于第六次人口普查结果的四川未来30年人口老龄化预测》。

预测显示中国劳动年龄人口将于 2015 年左右停止增长,老龄化进程加速,并显著超过发达国家的平均水平。相比之下,由于发达国家在世界范围内的技术创新地位长期难以撼动,经济增长在不断提高的生产率驱动下稳步增长,社会福利制度已经成熟化、系统化,因此,即使人口老龄化程度高,国家仍可以将居民的养老福利水平持续维持在较高水平。目前我国正处于技术追赶阶段,当前的商业发展模式还没有脱离物质资本和劳动力的大量注入,但随着劳动年龄人口数量减少,依靠原有的低廉劳动成本发展经济的比较优势将逐渐下降。因此,要有效缩减已经形成的"未富先老"缺口,需要实现从以物质资本和劳动力为源泉的阶段向技术创新驱动阶段的过渡,寻找新的经济增长点完成接力,完成从依靠"人口红利"的传统产业带动经济发展向现代产业的调整,实现新一轮的产业结构调整和产业升级换代,从而保持国民生产总值的长期、持续增长。

其次,对社会保障体系的完善程度和保障水平提出了挑战。"广覆盖"一直以来都是我国社会保障制度拟实现的目标,2015 年,全国城镇职工基本养老、城镇基本医疗、失业、工伤、生育五项保险参保人数分别达到 35361 万人、66570 万人、17326 万人、21404 万人、17769 万人[①],城乡居民社会养老保险参保人数达到 49750 万人。虽然覆盖面相较于以前年度有了显著增长,但是由于保障水平的群体差异显著,城乡居民社会养老保险的参保人员面临着低保障的现实。根据 2011 年的统计结果显示,参加城乡居民社会养老保险人员的待遇不到公务员退休金的 4.5%,企业退休人员养老金待遇不及公务员退休金的 33.3%,居民的基本生活需求得不到满足。对参保人员的调查显示,普遍反映目前养老保险的缴费层级少、保障水平低、参保对于解决退休后养老难的效应不明显,因此社会养老保障覆盖面狭窄、保障水平低导致了中低生活水平的城镇人口持续增加,人们未来的养老、医疗、照料服务等基本支出负担沉重,从而老年人由于重疾导致贫困、贫困水平增加等状况屡见不鲜。此

---

① 参见《2015 年国民经济和社会发展统计公报》。

外，未来十几年，中国的城镇化率将以每年 1 个百分点的速度递增，数以万计的农村中青年劳动力迁移到城市，这还将造成农村留守老弱群体的基本养老保障问题在财力、人力方面面临突出问题。因此，我国在推进城镇化的进程中，在充分考虑城镇现实状况和居民负担水平的基础上，如何完善养老保障体系、完善养老机构与设施建设、开展老年产业和养老护理培训体系建设成为当务之急。

最后，对如何调整传统的居家养老方式提出了要求。近年来，受生活成本提高、计划生育基本国策长期运行的影响，从 1982 年到 2015 年，我国人口出生率从 22.28‰下降至 12.08‰，中国的家庭模式凸显出"421"的特点，即两个独生子女结合后，通常需要赡养四个老人和抚养一个孩子，这种"金字塔"家庭模式为家庭养老功能的弱化埋下诱因。一方面，由于家庭生存压力和生活成本的增加，子女赡养双方老人负担较大，这使得他们必须投入更多的时间和精力在工作上，以期获得更为丰厚的回报来承担赡养开销；另一方面，子女与老年人相处沟通机会减少，投入在老年人身上的时间和精力难以满足老年人的情感需求，容易造成两代人之间情感的疏离和矛盾的激化，加深代沟。因此，很多子女在如何平衡工作、家庭关系上陷入了角色冲突，家庭照顾在能够提供的多元化养老服务方面显得力不从心，从长期来看，依靠子女扶养父母的传统居家养老模式已经无法满足可持续、专业、高品质的养老服务需求。在全国主要城市的城乡养老事业发展格局规划中，提出了逐步形成"9073"养老格局的思路：即90%的老年人通过社会化服务实现居家养老，7%的老年人通过政府购买服务实现社区养老，3%的老年人通过入住养老机构实现集中养老，其中居家养老方式将成为老年人的主流选择。然而居家养老方式在现实发展中，存在服务类型局限、养老基础设施建设不足、养老床位数量供应不够等问题；同时，条件良好、设施齐备的养老机构普遍收费较高，虽然很多老年人愿意入住，但由于退休后的主要经济来源来自社保支付的养老金，而且其相较退休前工资收入的替代率较低，因此入住养老机构造成了较大的经济负担，大多数老年人无力承受。

三　养老金筹集渠道匮乏

从上文可以看出，中国"未富先老"现象比较严重，派生出诸多问题，与此同时，生活成本、医疗费用连年持续上涨，养老金的筹集对政府、家庭及个人形成了较大的经济压力。虽然我国企业和从业者合计支付的社会保险缴费率在全世界排名第13位，但作为养老金来源的重要组成部分，社会保障支出在财政支出中的份额仅为12%，明显小于经济发达国家30%至50%的水平。为防止养老金收不抵支缺口的扩大，在有效提高财政支出中社会保障支出所占比例的同时，多措并举、积极开拓和正确选择养老金筹集渠道势在必行。这既加强了全体公民为全面建成小康社会而共同努力的决心，也是增强我党执政地位的重要保证。因此，为完成我国全面建成小康社会的目标，统筹、有步骤地推进城乡社会保障体系建设，应逐步加强夯实养老金账户的工作。

目前，我国逐步确立了"三支柱"养老金体系，包括基本养老保险、企业年金和商业养老保险。但在实施过程中存在以下问题：首先，基本养老保障规模不够，如何挖掘社会力量，通过社会活动充盈社保资金值得探索；同时需要发挥专业机构力量改善基本养老金投资的保值增值，截至2013年年底，社保基金管理的资产总额达到12415.64亿元，自成立以来，年化投资收益率达到8.13%，与同期通货膨胀水平2.46%相比，仅超过5个多百分点，因此如何持续改善社保基金的投资回报水平，对于改善其保值增值的效果具有直接作用。其次，统计数据显示，截至2012年年底，企业年金的基金总规模达到6034.71亿元。[①] 但由于参与企业年金计划会增加企业的经济负担，同时国家没有实质性的政策扶持，如减免税收等，所以目前参与主体主要是大型国有企业和经营效益良好的民营企业，受益职工不足2000万人。即使规模日益增大的企业年金对于改善职工退休后的生活保障程度有显著作用，但在全国范围内的受众群体数量极为有限，因此只有采取有效措施推进企业年金在更广阔

---

① 参见国务院印发《关于完善城镇社会保障体系的试点方案》。

范围内的实施，才能真正实现其对广大群众退休生活品质的改善。最后，商业养老保险在发展过程中也面临着投资收益信息不对称、年缴费额高、规范化管理亟待提升等问题，居民在选择购买时，由于投资期间长，投资收益回报前景不明朗，以及负担较高的经济成本等原因而踟蹰不前。2014年国务院颁布政策并选择城市开展试点，"拟对个人购买商业养老保险实施个人所得税递延的政策，给予参保人税收优惠，激发个人购买商业养老保险的热情，发挥商业养老保险的社会管理功能，减轻政府用于保障老年人群生活的财政负担"[1]。这样的政策优惠到底能否以及多大程度推进个人购买商业养老保险的步伐，参保人还将根据税收优惠的规模大小重新评估后确定是否参保。

与"三支柱"养老保险体系不同，消费养老保险是在生产领域和经营领域延伸消费的概念，鼓励个人以消费的方式自动、自行积累养老金，然后再通过购买养老保险产品改善养老资金的保值和增值。通过研究消费养老运行模式的构建，探索一种养老金筹集的补充手段，既是对现有理论体系的完善，又能为政府部门提供政策建议和决策要参。

第二节　研究意义

一　理论意义

本书对消费养老保险的含义作出界定，梳理消费养老保险的产生、演进、内在机理，论证消费养老保险在我国开展的可能性，既丰富了消费养老保险理论体系，又为充分巩固补充养老保险在养老金体系建设中的地位提供理论支持。具体体现为：

第一，现有的消费养老保险理论研究尚停留在提出概念的阶段，国内外学者的理论研究基础是消费资本论；虽然消费资本论中"消

---

[1] 参见国务院印发《关于加快发展现代保险服务业的若干意见》。

费行为也是投资行为"的核心思想是消费养老保险概念提出的本源，但消费养老保险模式能否成功构建取决于政府、企业和居民三方参与主体内部以及相互之间的利益博弈，如果对主体利益辨别不当、识别不清，就无法理顺消费养老保险模式的内在机理。本书在对其内在机理的研究中，以消费资本论、公共产品理论和信息不对称理论为支持，厘清三方主体利益博弈关系，提炼内在运行机理，有助于消费养老保险理论体系构建的完整性。

第二，现有研究中以消费养老保险在部分试点地区运用的经验为研究对象，针对其在我国实施的可行性论证研究较少，忽略了消费养老保险模式的运用条件中地方经济、财政、居民收支水平、消费习惯等因素所带来的经济、社会复杂性。在缺乏可行性论证的条件下，单一探究消费养老保险模式的构建形同搭建空中楼阁。因此只有通过可行性论证研究，才能有效识别消费养老保险模式的优势以及在实施过程中遇到的困难和障碍，扬长避短，充分发挥其在养老金体系建设中的作用。

此外，本书研究的问题需要交叉运用社会学、经济学、管理学、计算机科学等多个学科的知识，研究成果对于促进跨学科知识融合、拓展学术视野也具有显著的作用。

二 应用意义

第一，人口老龄化背景下，随着养老金缺口扩大，如何做实养老金个人账户事关公民切身利益，一直以来也是困扰国家社会保障部门的问题。做实养老金个人账户的基本思路是"开源"而不是"节流"，是把养老金"蛋糕"做大而不是"拆东墙补西墙"，不靠、不坐、不等，自食其力地解决"钱从哪里来"的问题。消费养老保险模式实质上是一种消费促进养老，养老拉动消费的联动模式。开展消费养老保险模式的研究顺应国家加快建立扩大消费需求长效机制的政策导向，有效应对养老金筹集渠道匮乏的现状；有利于培育养老产业集群，拉动当地多行业、多层次就业，实现地方政府养老金和税收双丰收。

第二，从全球范围来看，我国的人均养老金水平、企业年金覆盖率及个人商业保险投保率均处于中下游水平,养老金替代率水平偏低,居民退休生活质量受到严重威胁。本书的研究成果对于辅助政府相关职能部门设计并采取合理有效的政策措施,帮助其考察消费养老保险实施过程中存在的困难、可能产生的影响,不仅可以提高消费养老保险运行模式构建的科学性和针对性,也能对引导和促进社会保障相关产业的健康发展产生重要的应用价值。

第三节　研究内容

第一章,绪论。介绍本书的研究背景、研究意义、研究内容、研究方法和技术路线。

第二章,文献综述。从国内和国外两个方面对消费养老保险相关文献进行梳理。

第三章,我国养老保险体系的运行现状。本章对我国"三支柱"养老保险体系现状进行分析,利用定性和定量分析相结合的研究工具,指出基本养老保险、企业年金和商业养老保险在目前运行中的存在的关键问题,并对各支柱对老年人退休后生活质量的保障能力进行评估。

第四章,消费养老保险的基础理论研究。本章基于新制度经济学理论、福利多元主义理论等理论研究框架,明确了消费养老保险的概念、属性特征及功能。

第五章,消费养老保险运行现状和存在的问题。本章通过对消费养老保险模式在国内外的试点运行方案进行研究,指出存在的问题,并提出改进的方向。

第六章,消费养老保险模式在四川地区的构建研究。本章从必要性和可行性两个方面对消费养老保险模式进行了研究,提出政府、企业和居民"三位一体"的进行模式,并对参与立体的行为进行分析,从利益博弈的认知角度对在运行中可能产生的问题做了预测性研判。

第七章，研究结论与政策建议。在提出运行模式的顶层设计方案的基础上，厘清配套的运行机制，以保障该模式的可持续运行。

第四节　研究方法和技术路线

一　研究方法

本书立足于发展养老金筹集渠道是统筹推进城乡社会保障体系建设的关键这一现实，采用文献研究、问卷调查、实证分析、比较分析、计量经济模型方法，在实地考察和对基础数据收集、掌握、了解的前提下，首先通过对消费养老保险基础理论的梳理，从我国养老金筹集渠道存在局限入手，提出消费养老保险的概念框架，并结合消费养老保险的应用环境、条件和生态链分析，对消费养老保险运行模式的构建进行可行性论证；其次提出企业、居民及政府的"三位一体"运行模式，并在此基础之上研究如何搭建消费养老保险"一站式"公共信息服务平台；最后提出保障机制，并促进该模式的顺利运行。

二 技术路线

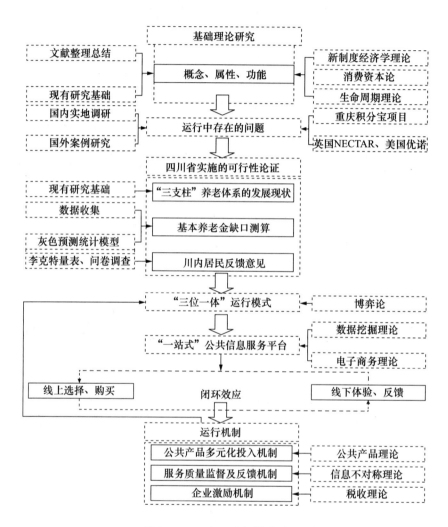

图 1-1 研究思路与技术路线

第二章　文献综述

第一节　国内研究综述

"消费养老保险"这个名词是近几年在社会保障领域出现的一个新概念，国内的学术界就消费养老问题展开系统性研究的学术论文、专著等寥寥无几。从中国知网上，利用高级搜索功能，以"消费养老"、"消费养老保险"为主题词进行检索发现，目前对该项目的研究多从经济学的角度，以报纸和新闻报道形式居多，从社会保障专业视角进行全面系统研究的文献还很少，仅有五六篇文章。通过对消费养老保险相关文献的梳理，对该问题的研究主要集中在以下几方面。

一　消费养老保险的概念

"消费养老保险"这个名词自提出以来，虽然有个别学者对其展开研究，但仍未形成统一、确定的概念。张继肖认为，消费养老保险指消费者无须额外交付保险费用，其通过消费养老保险项目下企业所提供的消费平台进行日常消费，从而获得一份属于自己的养老保险。[①] 陆曦认为，"消费养老保险"实质上是一种"消费行为资本化"的体现和运用，将消费递延至生产领域和经营领域，鼓励个人参与消费从而实现自行积累储蓄再投保。即消费者购买商家或企

---

① 张继肖：《消费养老保障对提高社会福利函数的作用——兼谈消费养老保险项目及前景》，《经济与管理》2011 年第 3 期。

业的产品，就相当于向商家或企业的一种投资行为，商家或企业将该投资所获得利润按照一定比例返还给消费者，并将让利返款全部计入商家或企业为消费者设立的养老金账户内，使得消费者在达到养老年龄后就可以享受其积累的养老金。①

二　消费养老保险的特征

陆曦认为传统的社会保险具有一定的储蓄性，即社会保险机构需要依法收取企业或个人的社会保险费，并按法律、法规的规定进行积累，然后依法进行分配。而消费养老保险可以在网上免费注册，或仅提供必要的办卡费用，消费者无须支付额外保费，只需在消费养老保险所提供的消费平台进行日常消费即可。因此，消费养老具有成本低、覆盖广、自愿性强、可持续等特征。②

三　消费养老保险的优势

张继肖认为，假设在保持原有经济规模且未改变社会分配模式的条件下，通过推行消费养老保险对缩小贫富差距、降低社会不平等程度有十分明显的作用。③ 王再文认为，消费养老模式具有四个优势：一是企业可以通过充分利用既定的消费返点来增强产业发展后劲；二是消费者可以在不增加新的资金支出的情况下，仅仅通过推迟兑现已经明确的消费返点，就可以为自身未来的养老提供一个新的保障资金来源；三是可以促进企业和消费者都有意明确相互之间的长期稳定经济关系，并不断增强相互间的长期信用；四是有利于促进保险理财、第三方物流配送、资金结算和支付等专业化市场中介服务机构。④

四　消费养老保险的可行性

虽然消费养老模式具有诸多优势，但学者们对其可行性提出不

---

① 陆曦：《消费养老保障模式理论与可行性》，《经管研究》2011 年第 8 期。
② 同上。
③ 张继肖：《消费养老保障对提高社会福利函数的作用——兼谈消费养老保险项目及前景》，《经济与管理》2011 年第 3 期。
④ 王再文：《构建多元化体系"消费养老"应运而生》，《中国保险报》2012 年 1 月 4 日。

同意见。陆曦认为，有政府的支持、加速的人口老龄化导致强烈的社会需求，以及成功的实践基础（消费养老保险模式在一些城市和地方已逐渐推广和应用），消费养老在我国是可以实施的。① 质疑者认为，中国中小企业目前平均寿命仅 3.7 年，"消费养老"没有百年企业支撑，没有信用托底，所谓"养老"，只会沦为一个促销的诱饵，以及一大堆经济纠纷。②

吴清设计李克特量表对消费养老保险模式的社会认知程度进行研究。在统计被调查者对消费养老方式的认同度时，有 222 人（31.31%）认为消费养老方式具有可行性，并表示愿意参加；有338 人（47.67%）认为消费养老方式具有可行性，但表示目前不打算参加；有 149 人（21.02%）认为消费养老方式不具有可行性。因此消费养老方式的安全性问题与其他养老比较的优缺点、家庭经济条件、遗产观念等是影响选择这种养老方式的主要因素。③

五　消费养老保险的风险

张利国认为，消费养老保险涉及产品销售、社会养老和保险三方面，面临商业企业的选择、专项基金的管理以及相关制度环境的完善等风险。④ 杜平认为，作为一种新生事物，消费养老保险仍需要研究相关的法律法规及政策问题。例如，金融行业市场的准入要求与风险，由于企业需要用对消费者的返利进行再投资，这已经从商业领域进入到了金融领域，所以需要得到相关部门的批准。另外专项资金管理的选择问题，以及如何确定给参与消费养老者的投资回报率问题都须进一步研究。⑤ 杨燕绥认为，消费养老保险面临的最大风险，就是增值保值。另外，返给消费者的养老金应资产托管，而不能交由个别销售企业来做。裴长洪表示，当务之急是如何

---

① 陆曦：《消费养老保障模式理论与可行性》，《经管研究》2011 年第 8 期。

② 李萍：《"消费养老"能否走下去》，《中国税务报》2012 年 2 月 8 日。

③ 吴清：《基于李克特量表的消费养老方式认知度调查》，《技术与市场》2013 年第 8 期。

④ 张利国：《我国社会养老保障模式新探索》，《商业时代》2012 年第 9 期。

⑤ 溢彩：《消费养老应成新型养老模式》，《人才资源开发》2011 年第 3 期。

进一步完善"消费养老保险"模式，该模式的操作需要一个专业化的队伍，通过第三方理财机构管理资金。[①]

第二节　国外研究综述

我国的消费养老保险模式是在消费资本论的研究基础和应用探讨下形成的，其运行的内在机理与英国在 2002 年提出的 Nectar 积分模式以及美国于 2003 年提出的 Golden Points 项目是相似的，本书将在第五章中就国外两种模式的运行情况进行详细介绍、探讨。仅就"消费养老保险"而言，这个概念是我国的企业家首次提出的，国外就这个专题的研究资料比较缺乏，更多的研究是围绕着居民消费水平与养老保险之间的关系问题而展开的，具体可以分为养老保险对居民消费水平的影响以及社会保障制度改革对消费行为的影响。

一　养老保险对居民消费水平的影响

美国经济学家 M. Feldstein（1974）在传统生命周期模型的基础上提出了扩展的生命周期理论，该理论认为，社会保障对储蓄的影响存在双重效应，包括"资产替代效应"和"引致退休效应"，其结果是由这两种效应相互作用后确定社会保障对储蓄的影响，并创新性地引入了社会保障养老金财富（Social Security Weathy）变量。他还强调，不仅在生命周期消费模型中应当考虑养老金财富的影响，而且在检验其他有关消费行为的假说时，也应当考虑到社会保障财富变量。通过使用美国 1929—1971 年的总时间序列数据进行实证研究，得出结论：社会养老保险较为显著地提高了居民消费水平，社会保障制度使私人储蓄减少 30%—50%。[②]

Wilcox（1989）根据标准的生命周期假说和理性预期假说，通

---

① 转引自李萍《"消费养老"能否走下去》，《中国税务报》2012 年 2 月 8 日。

② Feldstein, M., "Social Security, Induced Retirement and Aggregate Capital Accumulation", *Journal of Political Economy*, Vol. 82, No. 5, 1974, pp. 905–926.

过建立实证模型，分析了 1965—1985 年美国养老金给付水平的变化
对总消费支出的影响。实证分析表明，养老金给付水平的改变与总
消费的改变之间呈现出显著的正相关关系，并得出一组数据关系，
即当养老金增加 10% 时，消费零售总额将增加 1.4%。此后，作者
又在模型中加入虚拟变量，并利用个人消费支出（PCE）数据分别
进行实证检验，均得到相似的结论。[①]

W. Zant（1988）根据荷兰 1957—1986 年的总时间序列数据，
实证检验了养老保险与总消费水平的关系。通过改进养老金财富的
计算方法，针对不同的年龄及其寿命预期分别进行养老金财富值的
估计、不同的时期和年龄采用不同的贴现率等。其研究结果显示，
养老金财富值显著影响消费水平，两者之间的相关系数在
0.11—0.16。[②]

此外，Aga、Mario（2001）和 Rob、Arie（2001）分别利用荷
兰和意大利的数据，对社会养老保险对消费水平的影响开展实证研
究，也都证实了养老金制度对于储蓄有不同程度的"挤出效应"，
即"挤出"储蓄促进消费。

同时，也有一些学者对社会养老保险与消费之间是否存在正相
关关系提出了质疑。Barro（1974）将利他主义的遗产动机引入传统
的 OLG 模型中，其代际转移支付理论驳斥了 Feldstein 的扩展生命周
期模型认为社会养老保险对消费有促进作用的观点。Barro 认为，虽
然收付实现制社会养老保险会使上一代中老年人获得更多的收入，
即来自下一代年轻人的转移支付收入，但他们的子女也因为缴纳了
社会保障税（Social Security Tax）而使得其可支配收入减少。为此，
父母又将留下更多的遗产以弥补子女因缴纳社会保障税的损失，那
么对父母这一辈人来说，留给子女的遗产会抵消来自收付实现制下

---

① Wilcox, "Social Security Benefits, Consumption Expenditure, and the Life Cycle Hypothesis", *Journal of Political Economy*, Vol. 82, No. 5, 1989, pp. 288 – 304.

② W. Zant, "Social Security Wealth and Aggregate Consumption: An Extended Life – cycle Model Estimated for the Netherlands", *De Economist*, Vol. 136, No. 1, 1988, pp. 136 – 153.

社会养老保险制度的转移支付，造成父母辈的财产净流出。Barro（1979）通过构建一个简单的线性模型，利用跨国截面数据，运用生命周期模型检验了社会保障水平对消费支出的影响。其研究结果表明，社会养老保险对消费的影响不确定：从时间序列来分析，社会养老保险对消费者支出具有促进作用；而从截面来分析，却显示出社会养老保险对消费者支出的影响不确定。Phillp Cagan（1989）的研究中提出了"认知效果"的概念，研究结果表明，社会养老保险的参保者会增加储蓄，降低消费。因为参加社会养老保险计划，会让他们意识到自己的养老需求，进而及早地为退休养老做准备，所以他们会适当地增加储蓄，以备养老。[①]

二 社会保障制度改革对消费行为的影响

Parker（1999）利用消费者支出调查数据实证分析了社会保障税的变化对于消费者支出的影响。由于人们会提前告知社会保障税率的变化，所以社保税率变化导致的参保人收入变化在人们的预期之中，从理性预期和生命周期理论来看，消费者应当能平滑其消费。根据 Parker 的测算，收入每增加 1% 将导致非耐用品消费支出增加 0.5%，即当非耐用品消费占收入 40% 时，可预期的收入增加 1 美元可使非耐用品消费增加 20 美分。此外，他还对收入水平相似的子样本（高收入组）进行分析，得出显著性虽稍小但仍然相同的结论。[②]

Carman、Gokhale 和 Kotlikoff（2003）基于美联储 1995 年的消费者调查数据，分析了各种财政政策的实施对居民消费的影响。他们认为，针对不同收入和不同年龄的家庭，财政政策对消费的影响是不同的。削减养老金的政策对年轻家庭的消费影响很小，不仅因为他们"短视"（认为退休离自己很遥远），还由于他们面临着较大的信贷约束，而这一政策影响最大的是贫困的退休老年人。此外，养老金的削减也使

[①] 黄东阳：《我国社会养老保险对城镇居民消费的影响研究》，硕士学位论文，湖南师范大学，2014 年，第 7—9 页。

[②] Parker, "The Reaction of Household Consumption to Predictable Changes in Social Security taxes", *American Economic Review*, Vol. 97, No. 2, 1999, p. 126.

年龄在45—54岁的中低收入阶层的消费显著减少。①

从上述研究成果来看，国外研究中尚未明确涉及"消费养老保险"基本理论框架的构建研究以及运行模式的探讨，仅围绕着"养老保险"与"消费水平"二者之间关系的论述展开，将定性与定量分析手段相结合，形成了较为丰富的研究成果。虽然从表面上看，这些研究并没有论及"消费养老保险"的问题，但这些研究仍然对本书开展研究提供了坚实的理论依据和良好的借鉴价值。这些研究充分利用计量经济学模型就养老保险与居民消费间的相关性进行测算，得出了养老保险能够促进居民消费的结论，特别对于那些高社会福利的国家，居民依靠良好、健全的社会保障体系，不仅能够获取丰厚的养老金财富，而且从总体上看，养老保险对消费的影响作用更为显著。另有部分学者的研究以社会保障制度改革为切入点，通过分析养老保险税和养老金收益对居民消费的影响，进而研究居民消费行为是否符合生命周期假说和持久收入假说，这些分析都为我国政府制定相关政策提供了理论依据。

从国内目前的研究成果看，学者们对消费养老保险的理论和应用研究刚刚起步，对消费养老保险问题研究系统性和针对性略显不够，一是研究者多以消费养老保险在部分试点地区运行经验作为研究对象，缺乏对消费养老保险在我国推行的应用条件和环境、在运行中存在的问题以及相应解决措施的系统性论证；二是在具体的研究过程中，忽略不同地区的养老金存量结构、需求规模、地方政府可支配财力的现实差异，缺乏对消费养老保险参与主体及其行为的探索，导致所提出的消费养老保险模式缺乏可操作性；三是对消费养老保险模式在实施过程中可能存在的问题缺乏预见性研判，没有对其保障机制进行研究，可能导致在更广阔的范围、可持续地推进时遇到阻碍，甚至昙花一现、戛然而止，在人力、财力、物方面形成不必要的耗费。

---

① Carman, Gokhale & Kotlikoff, "The Impact on Consumption and Saving of Current and Future Fiscal Policies", *NBER Working Paper*, No. 10085, Vol. 27, No. 3, 2003, p. 116.

第三章　我国养老保险体系的运行现状

　　为了应对人口老龄化的挑战、提高老年人的生活水平，中国政府一直致力于养老保障体系的改革与完善。

　　1994 年，世界银行出版了一份名为《防止老龄危机——保护老年人及促进增长的政策》的报告，对处理老年危机问题提出了若干看法与建议，提出了构建"三支柱"养老金制度的思想和建议，通过发挥再分配、储蓄、保险三个功能的共同作用，达成老年经济保障的目标。在世界银行提出的"三支柱"构架中，第一支柱是由政府强制实施的养老保险计划；第二支柱是由企业建立的补充养老保险计划；第三支柱是自愿性养老储蓄。2005 年，世界银行出版了第二本著作——《21 世纪的老年收入保障——养老金制度改革国际比较》，其中最重要的观点是将"三支柱"思想扩展到"五支柱"，增加的另外两个支柱包括以消除贫困为目标的、提供最低水平保障的非缴费型"零支柱"，及以家庭成员之间或代际非正规保障形式为主的"第四支柱"，体现了世界各国政府对解决人口老龄化问题、消除老年贫困的关注。

　　世界银行"三支柱"与"五支柱"构架的提出，为各国指明了养老保障体系改革的方向。许多国家都基于本国国情和自身发展条件，对几个支柱进行了合理的组合和有效的配置，构建出符合自己国家需求的养老保障体系。我国借鉴世界银行的"三支柱"模型，构建符合本国国情的多层次养老保障体系无疑是解决养老难题、实现养老保障制度可持续发展的最佳途径。

　　我国传统养老保险制度是在 20 世纪 50 年代初，仿照苏联的

"国家保险"模式制定的。我国传统养老保险制度实质上是一种"单位保障"制度，因为劳动者享受养老保险的资格和水平都与其单位的性质息息相关，只有国有企业及事业单位的从业人员能够享受充足的养老保障，这就给其他单位的人员带来了极大的不公平。传统的养老保险制度采用的是现收现付模式，财政拨款、企业实施，给国家和企业造成了巨大的经济压力，制约了经济的发展。加之养老保险管理机制的不成熟、监管机制不完善等原因，传统养老保险制度已经很难运行下去，改革迫在眉睫。

中国多层次养老保障体系的正式构建始于 20 世纪 90 年代初。1991 年 6 月，国务院发布《关于企业职工养老保险制度改革的决定》，明确宣布实行养老保障的社会统筹，并第一次正式提出"逐步建立基本养老保险与企业补充养老保险和职工个人储蓄性养老保险相结合的制度"。1993 年，中共中央十四届三中全会在理论界取得共识的基础上，做出了《关于建立社会主义市场经济体制若干问题的决定》。其中对中国的养老保障体制改革作出了三项原则规定，其中包括"建立多层次的社会保障体系；社会保障水平要与中国社会生产力发展水平以及各方面的承受能力相适应；发展商业性保险业，作为社会保险的补充"。1995 年 3 月国务院在《关于深化企业职工养老保险制度改革的通知》中提出："国家在建立基本养老保险，保障离退休人员基本生活的同时，鼓励建立企业补充养老保险和个人储蓄性养老保险，构建多层次保障方式的养老保险体系。"1997 年 7 月，国务院发布了《关于建立统一的企业职工基本养老保险制度的决定》，指出要建立统一的城镇职工养老保障制度，并在 2000 年 12 月发布了《关于完善城镇社会保障体系的试点方案》，提出要"建立独立于企业事业单位之外、资金来源多元化、保障制度规范化、管理服务社会化的社会保障体系"。2004 年劳动和社会保障部"为建立多层次养老保险制度，更好地保障企业职工退休后的生活，完善社会保障体系"，公布了《企业年金试行办法》。

自此，中国多层次养老保障体系初步得到确立，即第一层次是国家强制实施的基本养老保险；第二层次是企业自愿建立的企业补充养老保障，即企业年金制度；第三层次是个人储蓄性养老保险。基本养老保险是国家通过立法强制实施，采用社会统筹与个人账户相结合的方式，保障职工退休后基本生活需求的制度，是多层次养老保障体系的基础部分。企业年金制度是企业在参加基本养老保险的基础上，根据自身经济承受能力自愿为本企业职工所建立的辅助性的养老保险，旨在调动员工的生产积极性，具有企业福利性质，属于第二层次。个人储蓄性养老保险是劳动者为了满足自己更高的生活需求，在自身经济能力允许的前提下自愿参加的商业性人寿保险，是一种个人行为。

学术界围绕着养老金筹集中存在的问题和应对措施两个方面展开研究。殷俊（2012）认为现行的养老保险政策并不足以实现基础养老金长期财务平衡；蓝霞（2010）认为我国养老保险涉及范围有限；李芝（2009）认为企业年金制度和个人商业保险发展严重滞后。为了解决筹集中存在的问题，袁中美（2013）提出了延迟退休年龄以增加养老金替代率；艾慧等（2012）提出将一定比例的国有企业利润拨入社保账户；唐运舒（2012）提出借鉴国内外理论、实践完善养老金入市的构想；张雄（2009）认为推迟退休年龄影响劳动参与率；马孝先（2011）认为资本市场的安全性对养老金保值增值形成考验。

我国多层次养老保障体系的改革，无疑在保障广大退休人员的晚年生活、促进社会经济发展、保障社会和谐等方面起到了重大作用。但是由于我国建立养老保障体系起步晚、历史遗留问题严重、机制尚不成熟等原因，我国养老保障体系的建设仍不完善，下面将对此进行详细阐述。

第一节　城镇职工基本养老保险

一　概述

基本养老保险是我国居民退休养老福利的第一重保障。1997

年,《国务院关于建立统一的企业职工基本养老保险制度的决定》(国发〔1997〕26 号)中明确:各级人民政府要把社会保险事业纳入本地区国民经济与社会发展计划,贯彻基本养老保险只能保障退休人员基本生活的原则,为使离退休人员的生活随着经济与社会发展不断得到改善,体现按劳分配原则和地区发展水平及企业经济效益的差异,各地区和有关部门要在国家政策指导下大力发展企业补充养老保险,同时发挥商业保险的补充作用。目前,按照国家对基本养老保险制度的总体思路,未来基本养老保险目标替代率确定为58.5%。由此可以看出,今后基本养老金主要目的在于保障广大退休人员晚年的基本生活。根据 2005 年《国务院关于完善企业职工基本养老保险制度的规定》,从 2006 年 1 月 1 日起,企业缴纳基本养老保险费为企业总工资的20%,个人缴纳基本养老保险费为本人工资的8%,企业缴费部分全部划入社会统筹基金,个人缴费部分划入个人账户基金。

二　文献回顾

自我国 1997 年实行"统账结合"部分积累制以来,王焕清(2012)等专家学者将建立在这种模式上运行的养老金缺口定义为隐性养老总债务、隐性养老净债务、专制成本和个人账户空账四种形式。吕志勇、王霞、张良(2008)以养老金收支平衡为因变量,在目标期间内建立了其与隐性债务、就业年龄、缴费年限、退休年龄、养老金替代率、工资增长率、基金收益率等自变量之间的关系。陆安(2010)、骆正清(2010)、赵斌和原浩爽(2013)等对我国养老基金收支进行了预测,所使用的预测方法主要采用精算方法,结论存在较大差异,这主要归因于精算预测模型中的参数受宏观经济和金融环境的影响较大,同时模型的假设条件及适用范围存在局限性。蔺丰奇(2013)预测,到 2013 年,中国养老金的缺口将达到18.3 万亿元。针对缺口的弥补问题,我国目前研究提案集中在延迟退休年龄、鼓励养老金入市方面,但李雪(2012)认为这会不利于人力资源的更新、降低退休者的生活质量;同时,刘植荣(2012)提出投资主体的不明晰、资本市场的安全性对养老金能否保值增值也是考验；王伟（2011）提出加快商业养老保险、完善基本养老保险、加强养老保险法规体系建设等措施。

三　现状研究

首先，我国基本养老保险无法为劳动者提供充足的保障。一般来说，养老金的充足性可以从两方面进行衡量：一是给付水平，即退休后领取的绝对养老金数额；二是养老金替代率指标，即领取的养老金数额占退休前工资收入的比率。许多发达国家都采用养老金替代率这个相对指标来衡量养老金的充足率。按照 1952 年国际劳工组织通过的《社会保障最低标准公约》中的规定，养老金的最低替代率为 55%。根据统计，目前在实行养老保险制度的160 多个国家中，78% 的国家替代率超过 60%。这说明在《公约》的指导和约束下，绝大多数国家的养老金替代率都处于一个相对较高的水平。

我国的养老金替代率计算中，一般将"城镇单位在岗职工平均工资"作为基数。① 而个人领取的养老金数，可以用全国基本养老保险基金的总支出除以参保离退休人员总数进行计算，即有下面的公式：

$$\text{全国退休职工的平均基本养老金替代率} = \frac{\text{全国基本养老保险基金的总支出}}{\text{参保离退休人员总数} \times \text{城镇单位在岗职工平均工资}}$$

采用 2000 年以后的基本养老保险数据来计算每年的养老金替代率，会得到以下结果，如表 3－1 所示。

从表 3－1 中可以看出，我国养老金替代率从 2000 年的71.2%，逐步下降到 2014 年的 48.2%，减少了 23 个百分点。这说明 2000 年基本养老保险尚能为退休人员提供较为充足的保障，而到了 2014 年则出现了明显的不足，其无法满足退休人员的养老需求。

---

① 从 2009 年开始，统计局将"城镇单位在岗职工平均工资"修改为"城镇非私营单位在岗职工年平均工资"。

表 3-1 我国退休职工基本养老金替代率测算

年份	全国基本养老保险基金的总支出（亿元）	参保离退休人员总数（万人）	人均养老金支出（元/年）	城镇单位在岗职工平均工资（元）	基本养老金替代率（%）
2000	2115	3170	6672	9371	71.2
2001	2321	3165	7333	10870	67.5
2002	2843	3608	7879	12422	63.4
2003	3122	3860	8088	14040	57.6
2004	3502	4103	8535	16024	53.3
2005	4040	4367	9251	18364	50.4
2006	4897	4635	10565	21001	50.3
2007	5965	4954	12041	24932	48.3
2008	7390	5304	13933	29229	47.7
2009	8894	5807	15316	32736	46.8
2010	10555	6305	16741	37147	45.1
2011	12765	6827	18698	41799	44.7
2012	15562	7446	20900	46769	44.7
2013	19818	8041	24708	51483	47.9
2014	23326	8593	27145	56339	48.2

资料来源：各年度《中国人力资源和社会保障事业发展统计公报》。其中 2009 年与 2010 年"城镇单位在岗职工平均工资"数据由"城镇非私营单位在岗职工年平均工资"和"城镇私营单位就业人员年平均工资"两部分组成。

其次，虽然投保城镇基本养老保险人数每年都有所增加，但是仍没有实现基本养老保险的全覆盖。根据各年度发布的《劳动和社会保障事业发展统计公报》可以计算出，我国城镇参加企业基本养老保险覆盖率是逐年上升的，在 2014 年接近 90%，如表 3-2 所示，但这也说明仍有大量城镇个体工商户和灵活就业人员还没有参保。这对于旨在实现全覆盖的基本养老保险政策来说，覆盖率仍是不够的。

表 3 - 2　　　　　我国城镇参加企业基本养老保险覆盖率

年份	参加城镇基本养老保险人数（万人）	年末城镇就业人员（万人）	覆盖率(%)
2005	17487	27331	64
2006	18766	28310	66
2007	20137	29350	69
2008	21891	30210	72
2009	23550	31120	76
2010	25707	32288	80
2011	28391	35914	79
2012	30427	37102	82
2013	32218	38240	84
2014	34124	39310	87

资料来源：2005—2014 年度人力资源和社会保障事业发展统计公报。

除此之外，我国现有养老保障体系是否能为劳动者提供稳定的收入堪忧。由于我国基本养老保险统账结合模式起步晚，原始基金积累规模小，隐性债务庞大，个人账户长期以来都是空账运行的。且由于我国社保基金的投资回报率一直偏低，基金保值增值问题还需解决，如果这种状况长期持续下去，未来养老金的支付风险会越来越大，因此不得不对未来基本养老金的支付能力产生怀疑。

所以，仅仅依靠基本养老保险或许是无法为全体劳动者提供充足、稳定的收入的，需要依靠其他方法来保证劳动者退休后的生活水平。

第二节　企业年金

一　概述

企业年金又称企业退休金或雇主年金，是指在政府强制实施的公共养老金或国家养老金制度之外，企业在国家政策的指导下，根据自身经济实力和经济状况自愿建立的，为本企业职工提供一定程度退休收入保障的补充性养老金制度。企业年金是对国家基本养老保险的重要补充，是我国正在完善的城镇职工养老保险体系中的"第二支柱"。在实行现代社会保险制度的国家中，企业年金已经成为一种较为普遍实行的企业补充养老金计划，又称为"企业退休金计划"或"职业养老金计划"，并且成为所在国养老保险制度的重要组成部分。2003年12月30日，劳动和社会保障部出台了《企业年金试行办法》，并于2004年5月1日起施行。《企业年金试行办法》中对企业年金方案包含的内容、适用对象、组成部分和管理办法等进行了规定。

企业年金是一种更好的福利计划，它在提高员工福利的同时，为企业解决福利中的难题提供了有效的管理工具，真正起到了增加企业凝聚力、吸引力的作用。企业年金计划的施行具有以下意义。

第一，建立企业年金制度，有利于树立良好的企业形象，吸引和留住优秀人才。随着社会主义市场经济的发展和知识经济的到来，越来越多的企业认识到，企业的竞争归根结底是人的竞争。但是，随着劳动人事制度改革的不断深化，人才流动机制已逐步形成，企业有选择人才的权利，个人也有择业的自由，人才的合理流动已成为时代的潮流。因此，企业单位建立良好的员工福利保障制度，充分解决员工的医疗、养老、工伤及死亡抚恤等问题，有利于落实人力资源管理制度，树立良好的企业形象，增加市场竞争力，从而吸引优秀人才加盟。同时，又切实保障了员工利益，稳定了现有员工队伍，增强了企业的凝聚力，调动了员工的积极性，对提高企业经济效益具有积极的促进作用。

第二，企业根据员工的贡献，设计具有差异性的年金计划，有利于形成公平合理的分配制度，充分发挥员工的潜能。根据期望理论，当员工认为努力会带来良好的绩效评价时，他就会受到激励进而付出更多的努力。在设计年金计划时，企业可以充分利用年金保险的灵活性特点，打破传统薪酬福利的"平均主义"原则，对于不同服务年限、不同职级、不同岗位、不同贡献的员工提供不同的保障计划，服务年限长、职级高、岗位技术含量高、贡献大的员工的保障额度更高，保障计划更全面。而服务年限短、职级低、岗位技术含量低、贡献小的员工的保障额度较低，保障计划比较单一。建立差异化的企业年金制度，可在单位内部形成一种激励氛围，充分调动员工的工作积极性，发挥自身的最大潜力，为企业的发展多做贡献。

第三，通过年金计划中"权益归属"的设定，利用福利沉淀实现有效激励，留住人才。很多企业在用高薪酬福利制度实现激励的同时，用期权的形式作一些规定以起到留住人才、长期规划的目的。在企业年金的计划中，设定权益归属方案，规定服务满一定的年限后方可获得相应的年金权益，与即时兑现的奖金福利相比，企业年金既使员工得到了鼓励，又达到了类似期权的良好效果，而且操作上又比期权要简单、方便得多。同时，设定权益归属还将与未来国家可能设立的递延纳税政策很好地衔接。

第四，在提高员工福利的同时，利用国家有关税收政策，为企业和个人合理节税。

第五，推进养老保障制度改革，健全保障体系。养老保险体系这一保障方式的有效进行关键在于缴费者和受益者能长期保持比较稳定的结构关系。而现实情况是世界范围内的人口正在加速老龄化，各国养老金的供给和需求之间存在的矛盾越来越尖锐，采用提高缴费比例或延长退休年龄的办法比较被动也有很大的局限性，养老保险"第一支柱"存在着严重的资金缺口和支付压力。此外，单一支柱的养老保障制度存在着责任过度集中和制度单一化的弊端，导致养老保障政策的制定与调整难度加大，也不利于实现社会公平。企业年金的建立有助于克服上述弊端，能够使养老金制度既有统一性和普遍性，又有灵活性和适应性。这样就降低了国家制定和调整养老保障政策的难度，有利于深化养老保障制度的改革。

第六，建立企业年金制度，有利于企业建立现代企业制度，完善人力资源管理，提高企业核心竞争力。按照马斯洛需求层次理论，人们的需求从低到高分为生理需求、安全需求、社会需求、个人尊严和自我实现。一方面，企业年金能够提供可观的退休收入，保障员工退休后的生活品质，增强员工的安全感和归属感，满足员工的安全需求。另一方面，企业年金计划会根据员工的能力和资历或贡献的大小来确定不同的缴费金额，并按要求确定归属比例，使员工价值得以体现，从而可以提高员工的荣誉感和成就感，满足员工的个人尊严需求。因此，企业年金在企业战略管理中具有重要作用，是提高公司核心竞争力的一种重要手段。

二　文献回顾

对于已经实施企业年金计划的企业，年金究竟可以在多大程度上补给职工的养老福利呢？规模日益增大的企业年金能够为职工退休后的生活带来的保障程度的高低，需要统一的标准来进行衡量。年金替代率是衡量企业年金给付水平的重要参数，研究替代率水平的目的是确定退休者养老金收入占退休前工资收入是否保持在适当比例，从而可以确保退休前收入和退休后收入的均衡，退休后生活质量不会明显下降。

专家学者对企业年金替代率的研究主要围绕影响替代率水平的内外部因素展开。张宁（2010）认为工资增长率、缴费率、职工缴费时间、基金预期投资收益率和生存概率是影响替代率水平的主要因素；谢杰（2010）根据敏感性分析测算，认为基金预期投资收益率是影响年金替代率的重要变量；刘军丽（2011）认为性别因素导致年金替代率在退休男性、女性之间存在较大差异；徐颖、张春雷（2008）针对投资收益率的金融时间序列波动性特征，利用随机模拟方法，就投资收益率对替代率的影响进行研究。

从目前的研究成果来看，对年金替代率问题研究系统性和针对性略显不够，一是在定性分析和定量测算之前，忽略了对企业年金方案设计的合理性和有效性进行系统性论证；二是研究者在对替代率水平进行测算研究时，对模型变量取值大多依据主观假设，设定为确定常数，影响了对年金替代率水平预测的准确性；三是缺乏利用实证数据对模型变量的模拟精度进行计算、检验。

三 现状研究

（一）定性分析

一个国家的养老金体系大多都由多个层次组成。一般而言，基本养老金替代率高的，其职业养老金或年金的替代率则就相对较低；而基本养老金替代率相对比较低的，其职业养老金或年金的替代率相对较高。而我国虽然基本养老金替代率较低，但是属于第二层次的企业年金由于缺乏税收优惠政策扶持等原因一直发展缓慢。统计数据显示，截至 2014 年年底，全国建立年金计划的企业达到 73261 家，受益职工超过 2292.78 万人，基金总规模近 7688.95 亿元，但由于企业年金一直以来奉行企业自愿建立原则，虽然已经实行十余年，全国的覆盖率仍然不足 20%。具体而言，我国企业年金的发展面临以下困境。

一是发展严重滞后，绝大多数企业仍然没有建立企业年金，基金积累规模小。二是投资运营效率较低，资金投资收益率不理想。三是企业年金发展结构不均衡，主要体现在：第一，我国东部地区企业年金的发展要快于中、西部地区，而且特定行业企业年金的发展也要快于其他行业。第二，经济效益较好的国有或国有控股企业和外资企业、民营企业及其他所有制企业相比，在参保员工数量及缴费能力上都高出许多。第三，有经济实力参与企业年金的就业人员多为企业高管和企业核心优秀员工。究其原因，主要是由于企业负担的基本养老保险缴费率过高，负担过重，使大多数企业无力建立企业年金。20% 的企业基本养老保险缴费率极大地压缩了不少企业特别是中小企业建立企业年金的能力和意愿，限制了企业年金发展的空间。

（二）定量分析

我国石油企业是开展年金方案的排头兵和主力军，将其作为年金问题的研究对象具有典型意义。本书以中国海洋石油总公司的年金方案为例，测算年金替代率水平。

1. 模型的建立

（1）模型建立的基本假设条件

假设 1：企业和职工缴费发生在每年年初，在职时按年缴纳年金保费；退休后每年年底领取年金，年金符合离散生存年金特征。

假设 2：年平均工资增长率保持不变。

假设 3：不考虑基金财产在受托管理中产生的管理费用和交易成本，其中包括企业年金的托管费、投资管理费和账户管理费等。

假设 4：测算年金保费时，不考虑奖励系数、老龄补偿金和特色补偿金产生的个体缴费差异带来的影响。

（2）模型的建立

本章以中国海洋石油总公司企业年金方案为研究对象（以下简称"中海油"），构建模型。

首先对个人和企业缴费累计总额建立模型。由于企业缴费是按照工资的固定比例缴纳，个人缴费以企业缴费为基数，按照固定比例缴纳，因此第 t 年缴纳的年金保费累计至退休时点的终值为：

$$I_t = I_t(S_a, B, r, a, b) = S_a \times B \times (1 + g)^{1-a} \times (1 + r)^{b-1}$$

$$(3-1)$$

其中，I_t 为第 t 年缴纳的年金保费，S_a 为第 a 年在岗职工年平均工资，B 为年金保费征缴率，a 为参加中海油年金方案的年龄，b 为退休年龄，r 为年金年投资收益率，g 为年平均工资增长率。

根据式（3-1），职工到退休当年年金缴费积累总额为：

$$E = \sum_{t=a}^{b-1} S_a \times B \times (1 + g)^{t-a} \times (1 + r)^{b-t} \qquad (3-2)$$

其次对职工退休后企业年金给付额的精算现值建立模型。

根据式（3-1），退休前一年工资为：

$$S_{b-1} = S_a \times (1 + g)^{b-a-1} \qquad (3-3)$$

由于年金替代率是退休者养老金收入占退休前工资收入的比例，根据式（3-3），职工退休后每一年领取的养老金为：

$$A = S_a \times (1 + g)^{b-a-1} \times i \qquad (3-4)$$

其中，i 为年金替代率。

职工退休后每一年生存和死亡情况存在不确定性，会影响到年金的正常发放。因此退休后企业年金给付额折算到退休当年的精算现值为考虑了职工退休后每一年的生存概率后，求解的年金给付额期望值。

结合式（3-4）：

$$D = \sum_{t=b}^{c} \frac{i \times S_a \times (1+g)^{b-a-1} \times (t-b)P_b}{(1+d)^{t-b}} \quad (3-5)$$

其中，c 为生命表中的生存极限年龄，$(t-b)P_b$ 为退休的职工在平均余命为 $t-b$ 年时仍生存的概率，d 为年金给付期贴现率。由基金平衡原理 $E=D$，令式（3-2）和式（3-5）相等，求解出年金替代率：

$$i = \frac{B \times \sum_{t=a}^{b-1} (1+g)^{t-a} \times (1+r)^{b-t}}{(1+g)^{b-a-1} \sum_{t=b}^{c} \frac{(t-b)P_b}{(1+d)^{t-b}}} \quad (3-6)$$

2. 模型自变量的分析和模拟

（1）固定参数估计

1）参加中海油年金方案的年龄。中海油年金方案规定，公司为 2003 年 5 月 1 日及以后实行新的用工与薪酬制度并与用人单位签订一年及以上劳动合同的在岗员工建立企业年金方案，假设测算的职工个体于 2003 年加入中海油年金方案。由于在中海油工作的员工，大多具有本科及以上学历，按照本科毕业年龄一般为 22 岁，故假定员工参加中海油年金方案的年龄为 22 岁。

2）退休年龄。职工领取养老金的时间与国家法定退休年龄同步，男职工满 60 岁，女职工满 55 岁，针对男女职工分别测算年金替代率。

3）年平均工资增长率。国务院《促进就业规划（2011—2015年)》提出，"十二五"期间，我国将形成正常的工资增长机制，职工工资收入水平合理较快增长，最低工资标准年均增长 13% 以上，综合考虑各省（市、区）出台的工资增长率上下线规定，设定中海油年平均工资增长率为 16%。

4）年金保费征缴率。根据中海油年金方案，企业年金缴费额由企业缴费和个人缴费两部分组成，企业缴费为企业缴费基值与个人综合系数乘积，企业缴费基值为工资总额的 5%，个人综合系数为职务系数和工龄系数的合计。本书针对中海油普通员工参与中海油年金方案可实现的年金替代率进行测算，因此职务系数选择 1.2，工龄系数为不同工龄段系数的算术平均值 1.58，所以普通员工的个人综合系数为 2.78。个人缴费为企业缴费的 25%。综合两方面缴费比例，年金保费征缴率为工资总额的 17.38%。

5）最高生存年龄及生存概率。根据《中国人寿保险业经验生命表（2000—2003 年)》，中国人口最高生存年龄为 105 岁。从该表的养老金业务男表、女表中分别导出 60 岁、55 岁及以后的生存人数 l_x，以 60 岁、55 岁为基期，测算退休后每年职工的生存概率 $(t-b)P_b = \dfrac{l_{t-b}}{l_b}$。

6）年金给付期贴现率。根据中国统计年鉴，全国历年消费物价指数平均约为 5%，考虑到为可持续地实现年金保值增值，年金投资风格较为保守，因此将年金给付期贴现率取值为 5%。

以上参数设置如表 3-3 所示。

表 3-3　　　　　　年金替代率精算模型固定参数假设

参数	a	b	c	B	g	d
变量值	22	55（F），60（M）	105	17.38%	16%	5%

（2）可变参数估计——年金年投资收益率

中海油年金方案根据投资产品类型不同，对投资资产配置设定了三种方案，分别为流动性投资组合资产配置、增强型固定收益投资组合资产配置和保本增值投资组合资产配置。

流动性投资组合资产配置主要投资银行活期存款、中央银行票据、短期债券回购等流动性产品以及国债、金融债、银行定期存款、协议存款、企业债等固定收益类产品。业绩比较基准参照 50%

一年期央票和50%一年期国债收益率的组合投资收益率。

增强型固定收益投资组合资产配置持有现金、央行票据、债券等类型的金融产品，其中现金和央行票据的占比不低于组合资产净值的50%；国债、金融债、信用等级在 AA（含）以上的公司债、企业债、可转债、分离交易可转债的纯债部分的持有比例不高于组合资产净值的50%。业绩比较标准参照20%三年期国债、30%三年期定期存款以及50%一年期央票的组合收益率。

保本增值投资组合资产配置中新增了股票、基金等金融产品的持有。组合包括组合资产净值30%以内的股票、封闭式基金；组合资产净值50%以内的国债、金融债、可转债、公司债、分离交易可转债纯债部分、企业债等；现金、央行票据等持有比例保持在账户净值的20%以上。业绩比较标准参照三年期定期存款利率。

三种组合中保本增值型组合风险最大，预期投资收益率最高，因此本书以保本增值投资组合资产配置为例进行投资收益率的测算。

1）对三年期定期存款数据的处理

按照实际的调息周期，以调息前后新旧利率存续的实际天数为权重，利用加权平均法计算了1994—2012年加权平均的三年期定期存款年利率。通过对19年数据的相关性及平稳性检查，如图3-1所示，相伴概率 P 值小于0.05，因此拒绝原假设，序列相关。从检验结果中还可以看到，序列自相关系数 AC 在滞后阶数3时，迅速趋于0，落入随机区间，因此序列平稳。

2）模型构建

从图3-1可见自相关系数 AC 拖尾，偏自相关系数1截尾，因此滞后阶数定为1，所以采用 AR（1）模型。

如图3-2所示，模型为：$X_t = 0.032388 + 0.738222 X_{t-1} + \varepsilon_t$

特征根结果为0.74，在单位圆内，过程平稳。

```
                    Correlogram of DRATE3_3

Date: 10/04/13   Time: 20:08
Sample: 1994 2012
Included observations: 19

 Autocorrelation     Partial Correlation        AC      PAC    Q-Stat    Prob

                                          1   0.738   0.738   12.060   0.001
                                          2   0.485  -0.129   17.586   0.000
                                          3   0.207  -0.227   18.658   0.000
                                          4   0.029   0.001   18.680   0.001
                                          5  -0.094  -0.046   18.931   0.002
                                          6  -0.137  -0.001   19.505   0.003
                                          7  -0.157  -0.051   20.328   0.005
                                          8  -0.163  -0.059   21.293   0.006
                                          9  -0.157  -0.020   22.271   0.008
                                         10  -0.165  -0.079   23.474   0.009
                                         11  -0.179  -0.074   25.076   0.009
                                         12  -0.215  -0.110   27.717   0.006
```

图 3 - 1　三年期定期存款年利率自相关性测试

```
EViews - [Equation: UNTITLED   Workfile: DRATE3_3::Untitled\]

 File  Edit  Object  View  Proc  Quick  Options  Window  Help
View|Proc|Object| Print|Name|Freeze| Estimate|Forecast|Stats|Resids|

Dependent Variable: DRATE3_3
Method: Least Squares
Date: 10/04/13   Time: 20:14
Sample (adjusted): 1995 2012
Included observations: 18 after adjustments
Convergence achieved after 3 iterations

      Variable       Coefficient    Std. Error    t-Statistic    Prob.

         C             0.032388      0.015244      2.124657      0.0495
       AR(1)           0.738222      0.105787      6.978413      0.0000

R-squared              0.752698    Mean dependent var      0.044328
Adjusted R-squared     0.737242    S.D. dependent var      0.029838
S.E. of regression     0.015295    Akaike info criterion  -5.418128
Sum squared resid      0.003743    Schwarz criterion      -5.319198
Log likelihood        50.76315     Hannan-Quinn criter.   -5.404487
F-statistic           48.69825     Durbin-Watson stat      2.350849
Prob(F-statistic)      0.000003

Inverted AR Roots      0.74
```

图 3 - 2　三年期定期存款年利率自回归模型

3）模型检验

首先对估计参数进行显著性检验。从图 3 - 2 中可以看出，P 值检验参数均小于 0.05，因此拒绝原假设，参数显著不为 0。

其次进行残差序列的白噪声检验。从图3-3残差均值检验结果来看，由于P值等于0.4230，所以接受原假设，残差期望值为0。

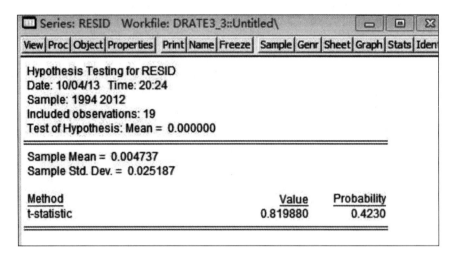

图3-3　残差均值为0检验

如图3-4所示，所有P值均大于0.05，接受残差为随机序列的原假设。

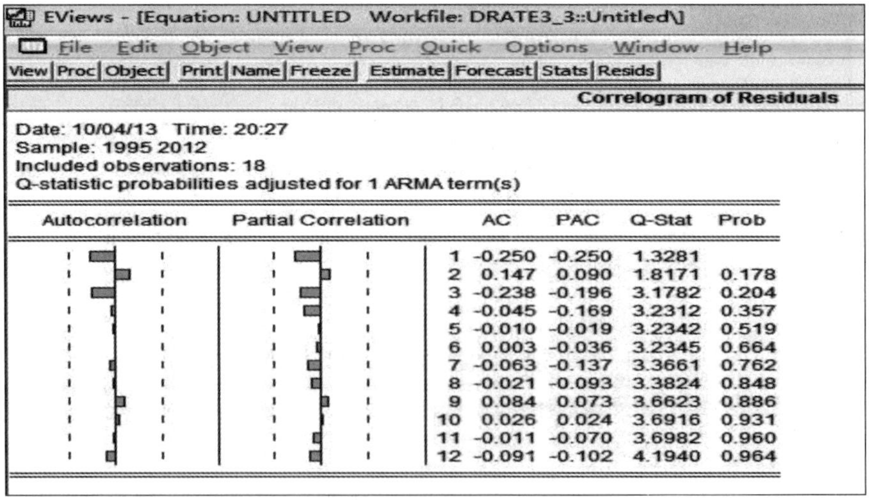

图3-4　残差纯随机性检验

通过图 3 - 5 中对残差异方差的 White 检验可以看出，Obs × R - Squared对应的 P 值为 0. 9771 > 0. 05，所以接受方差具有齐性的原假设。

```
EViews - [Equation: UNTITLED  Workfile: DRATE3_3::Untitled\]

  File  Edit  Object  View  Proc  Quick  Options  Window  Help
View Proc Object Print Name Freeze Estimate Forecast Stats Resids

Heteroskedasticity Test: White

F-statistic              0.019379    Prob. F(2,15)              0.9808
Obs*R-squared            0.046390    Prob. Chi-Square(2)        0.9771
Scaled explained SS      0.071584    Prob. Chi-Square(2)        0.9648


Test Equation:
Dependent Variable: RESID^2
Method: Least Squares
Date: 10/04/13  Time: 20:29
Sample: 1995 2012
Included observations: 18
Collinear test regressors dropped from specification

     Variable        Coefficient   Std. Error   t-Statistic    Prob.

        C              0.000198     0.000120     1.641935      0.1214
GRADF_01*GRADF_02     -0.002543     0.029428    -0.086405      0.9323
     GRADF_02^2        0.014878     0.098885     0.150460      0.8824

R-squared             0.002577    Mean dependent var        0.000208
Adjusted R-squared   -0.130413    S.D. dependent var        0.000423
S.E. of regression    0.000450    Akaike info criterion    -12.42532
Sum squared resid     3.03E-06    Schwarz criterion        -12.27692
Log likelihood        114.8278    Hannan-Quinn criter.     -12.40485
F-statistic           0.019379    Durbin-Watson stat        1.552814
Prob(F-statistic)     0.980832
```

图 3 - 5　残差异方差检验

综合对残差序列上述三方面检验，残差序列为白噪声序列，因此信息提取得比较充分，模型比较合理。

4）模型拟合和预测

从模型拟合程度看，可决系数超过75%，拟合程度较好。并采用动态预测对 2013—2043 年的投资收益率进行测算，得到相应结果。

3. 企业年金替代率的模拟结果

把第二部分确定的参数代入式（3-6），应用 MATLAB 编程计算出中海油男性普通职工退休后企业年金替代率为 12.15%，女性普通职工退休后企业年金替代率为 10.42%。

接下来，对影响年金替代率高低的因素"年金投资收益率"进一步分析。根据式（3-6），可以计算出在其他因素不变的情况下，企业年金替代率随年金投资收益率变动的情况，如表 3-4 所示。

表 3-4　　　　年金替代率随年金投资收益率变动的情况

收益率(r)	1%	2%	3%	4%	5%	6%
替代率(i)	8.02%	9.65%	12.57%	15.43%	17.33%	21.90%
收益率(r)	7%	8%	9%	10%	11%	12%
替代率(i)	28.20%	34.12%	42.86%	53.89%	68.84%	86.47%

在不同投资收益率水平下，替代率和投资收益率呈现出不同的变动关系，根据表 3-4 中的数据，得出企业年金替代率随年金投资收益率变动的拟合方程为：

$$i = 0.053641 + 2.97467r - 36.96103r^2 + 571.6966r^3 \qquad (3-7)$$

由表 3-4 可以看出，随着投资收益率的提高，企业年金替代率增速明显高于投资收益率的增速，即年金替代率对投资收益率的敏感系数较高。如果企业员工既想不增加在岗时缴费负担，又想提高退休生活质量，则提高企业年金投资收益的水平是必要的选择。

根据以上计算，可以看出：第一，中海油的男性普通职工年金替代率水平超过女性，这主要是由于男性退休年龄较女性晚，年金缴费时间长，投资期限更长，投资所得的账面累计总额更高，因此在退休后定期支付的年金数额也更高，从而提高了年金替代率水平。第二，以中海油为代表的石油企业年金替代率较低，与西方国家存在较大差距。在国际上，以欧洲国家为例，英国的企业年金替代率已经达到 50%，爱尔兰、瑞士、丹麦等国家也超过了 30%，这凸显出了年金作为职工退休后生活质量保障来源所占据的重要地位。为了进一步提高职工退休生活质量，研究提高年金替代率的措施势在必行。第三，通过式（3－7）的线性回归分析，若要使企业年金替代率达到西方国家30％的水平，投资收益率需要提升至接近8％的水平；若要实现50％的年金替代率目标，则投资收益率必须提高至接近10％的水平，因此提高年金投资收益率是改进替代率水平的主要渠道。

从以上分析可以看出，即使是已经实施了企业年金计划的企业，由于年金替代率水平较低，仍然需要通过一系列改善措施来提高替代率水平，或者实施多元化的补充手段来提高平均养老福利水平。

第三节　商业养老保险

一　概述

商业养老保险是商业保险的一种，它以人的生命或身体为保险对象，当商业养老保险的被保险人在缴纳了一定的保险费以后，就可以在被保险人年老退休或保期届满时，由保险公司按合同规定支付养老金。这样，尽管被保险人在退休之后收入下降，但由于有养老金的帮助，他仍然能保持退休前的生活水平。目前商业保险中的年金保险、两全保险、定期保险、终身保险都可以达到养老的目的，都属于商业养老保险范畴。人口老龄化的迅速加剧无疑会对以养老保险为主体的社会保障体系带来巨大的压力。商业养老保险作为社会保障的必要补充，届时必将承担起许多养老责任。

从对商业养老保险的需求层面来看：首先，老年人口数量的增加直接加大了商业养老保险的需求量。根据预测，到2050年，65岁及以上老年人口数量将达到现在的3倍，本来就供给不足的商业养老保险市场需要提高供给量来满足老年人的养老需求。特别值得注意的是，我国80岁及以上老年人数量的增长速度尤其快，商业养老保险市场中面对高龄老人的产品需求量也会快速增长。其次，随着我国人口平均预期寿命的增长，通过强化人们的自我养老观念，也将间接增加其对商业养老保险的需求量。由于人口平均预期寿命增长，从现在到2050年，人们退休后的预期生存时长会增加10年左右，这促使人们更加关注对退休后生活的规划，而购买商业养老保险无疑是首要的选择。最后，人口扶养比的增大导致社会养老负担的加重，将促使国家强力扶持商业养老保险的发展，间接增加了商业养老保险的需求量。根据统计数据，老年人口扶养比从1990年的8.35上升到2010年的11.90，以此趋势将在2050年达到38.00，届时形成2—3个劳动力扶养一个老年人的局面，这需要政府构建起一个完善的养老保险体系来为老年人的生活提供保障。随着商业养老保险产品体系的成熟度不断增加，通过购买商业养老保险来实现自我养老的观念越发普及，商业养老保险需求也将出现"井喷"。

从对商业养老保险的供给层面来看：我国商业养老保险供给主体主要是寿险公司和专业养老保险公司。从1980年国务院开始恢复保险业务以来，我国寿险业得到了飞速增长。根据统计，2014年全国寿险公司一共有59家，寿险保费收入达到10901.69亿元，而此指标在2000年仅为851.17亿元，在短短的10年间增长了11.8倍。[①]

回顾过去的30余年，我国商业养老保险市场供给主体的发展呈现出以下几个特点：

第一，供给主体的数量快速增加。自1996年产寿险分业经营后，我国人寿保险公司的数量快速增长，已由2001年的16家增加到2011年7月的60家，同时随着5家专业养老保险公司（即平安养老、太平养老、国寿养老、长江养老、泰康养老）的成立与发展，我国商业养老保险市场的供给主体在专业性方面也有了显著的发展。

第二，寿险中资公司所占的比重有所增加。截至2014年7月底，人寿保险市场上中资寿险公司43家，外资寿险公司28家，已

---

① 资料来源：中国保险监督管理委员会保险业经营数据。

经形成了中、外资寿险公司并存的竞争格局。从 2010 年起中资寿险公司的数量首次超过了外资寿险公司的数量，成为寿险市场的主力军。[①] 随着国家对中资保险公司的扶持政策的增多和中资人寿保险公司自身经营模式的转变，我国中资人寿保险公司不仅在绝对数量上有所增多，在市场占有率上也有所增加。

第三，供给主体间竞争态势发生变化。我国人寿保险市场已开始逐步形成综合性和专业性寿险公司同场竞技、中资和外资保险公司共同竞争发展的市场格局。虽然从市场份额来看，中国人寿、平安人寿等公司仍占有寿险市场绝大部分市场份额，但随着国内保险市场对外开放步伐的加快，许多新生的寿险公司正在快速成长，这使一直存在的国内寿险市场的垄断格局正在逐步分化，各供给主体间的竞争程度进一步加深，这一趋势对寿险公司既是机遇又是挑战。

第四，供给主体组织形式更加多样化。2002 年的旧《保险法》规定，保险公司只能采取股份有限公司或者国有独资公司两种组织形式，而自 2009 年 10 月 1 日起正式实施的新《保险法》为适应保险业的发展需要，删除了有关保险公司组织形式的特别规定，使得一些在国外大量存在且具有很强竞争力的保险公司组织形式，如相互保险公司、专业自保公司等在我国有了发展的可能性。这在一定程度上丰富了我国保险企业的组织形式，促进我国保险市场朝着多元化的方向迈进。

第五，产品结构层次日趋丰富。从保险产品结构来看，目前市场上较为常见的商业养老保险产品主要有传统型、分红型、万能型以及投连型，如表 3 - 5 所示。

可以看出，传统型商业养老保险产品、分红型商业养老保险产品、万能型商业养老保险产品、投连型商业养老保险产品特征各异，能满足人们不同的养老需求，适合不同的人群购买。如分红型不设立单独的投资账户，每年的分红具有不确定性，但是风险较低；投连型设置了不同投资账户供客户自由选择，在可能享有较高

---

① 资料来源：和讯保险数据。

表 3 – 5　　　　　　　　　　商业养老保险产品分类

险种\项目	传统型商业养老保险产品	分红型商业养老保险产品	万能型商业养老保险产品	投连型商业养老保险产品
特征	投保人与保险公司通过签订合同，双方约定确定的领取养老金的时间、约定相应的领取额度	保险人除了按照保单所载明的保险责任对被保险人进行给付外，还将公司在经营中取得的一部分盈利以保单红利的方式返还给保单持有人	可以任意支付保费以及任意调整死亡保险金给付金额，以投资增值方式作为将来养老的储备	保险金的积累方式采用独立账户运作和投资收益浮动的方式，保单的投资账户不设固定的投资回报率，投资收益与投资账户资金的实际运作绩效直接挂钩
功能	保障为主，储蓄为辅	储蓄为主，分红为辅	投资为主，保障为辅	保障与投资兼顾
适合人群	比较保守，年龄偏大的投资人	理财比较保守，不愿意承担风险的人群	能够坚持长期投资、自制能力比较强的年轻人	有一定的投资理财观念，并坚持长期投入的年轻人
实例	泰康恒泰养老保证年金保险	平安钟爱一生养老年金保险	平安智富人生终身寿险（万能型）	信诚"福连金生"投连型保险

回报的同时使客户承担较大的投资风险；万能型设有单独的投资账户，也设置了高于税后银行存款利率的保底利率。所以不同的消费者应根据自己的实际情况来购买不同类型的商业养老保险产品。

二　文献回顾

学术界对于商业养老保险市场有效性研究的文献十分稀少，只有一些文章分别提出了寿险市场有效供给或者有效需求的影响因素和计算方法，为寿险市场的有效性评估提供了一些思路。如美国经济学家 Fischer（1973）以定期保险为例，给出了一个人寿保险需求函数，认为人寿保险需求与死亡率、遗产动机和未来预期收入有关；加拿大经济学者 Lewis（1989）认为人寿保险的购买与遗产数目有关；楚军红（1998）在专著《通货膨胀与中国的人寿保险》一书中指出，寿险保费是对寿险需求的较为合理的衡量，影响寿险需求的直接变量包括寿险价格和收入，间接变量包括财政金融政策、收入政策、社会保障制度等；卓志（2001）在《人寿保险的经济分析引论》一书中指出，人寿保险经济的显著性受社会政治稳定性、经济发展与增长、市场开放程度、社会保障改革等因素的制约和影响；李良温（2003）在分析中，利用保险市场主体的数量、保险费占居民储蓄余额的比重、人寿保险费占 GDP 的比重、人口多少等来分析人寿保险市场的潜力的利弊，找准了我国寿险市场的有效需求；魏华林（2005）采用了多元回归和面板模型对人身保险需求进行预测，并预估了中国人寿保险需求的平均增长率；赵晨（2009）对我国人寿保险有效需求进行了理论分析，并建立了简单的线性模型进行实证分析。

三　现状研究

经过几十年的发展，我国商业养老保险市场已逐步走向稳步发展的轨道，加之近年来宏观经济环境的变化，使当前商业养老保险市场的供求发生了一些显著的变化。商业养老保险产品是用来实现养老自我保障的一种工具，是一种"非渴求商品"，即消费者不了解或虽然了解但一般情况下也不会主动购买的商品。所以，商业养老保险市场的运营同其他商品市场一样，也需要有需求与供给理论的支持，本部分拟利用计量经济学模型的定量分析方法，从商业养老保险市场的需求和供给两方面进行分析，进而评估该市场的有效性。

（一）商业养老保险市场有效需求的理论分析

在经济学理论中，一般商品的有效需求是指在有支付能力的条件下满足不同消费者的需要。商业养老保险的有效需求是指："个人或经济单位在当前特定时期内，在一定保险价格条件下，有购买能力的现实寿险需求"[①]，有效需求才是保险公司真正的业务来源。

---

① 付天宇：《我国寿险有效需求决定因素的实证研究》，博士学位论文，吉林大学，2009 年。

中国人口老龄化的加剧、家庭结构及养老观念的变化、多层次养老保障体系的改革、中国城乡居民收入水平的变化等诸多因素共同影响着商业养老保险市场的需求。但是找准商业养老保险的有效需求才是对中国商业养老保险市场有效性评估的必要前提。商业养老保险的有效需求总的来说具有以下几个特点：

1. 较强的收入弹性与较弱的价格弹性

由于商业养老保险的特殊性，其需求在极大程度上与人们的收入水平有关，所以其具有较强的收入弹性；且由于商业养老保险产品的定价是通过严格的风险评估、投资收益等相关因素的精算分析而确定的，波动较小，所以其价格弹性较弱。

2. 与被保险人的自然死亡率无关

影响商业养老保险需求的因素一般包括投保人的收入水平、有关的政治经济制度、投保人的风险意识等，而与被保险人的自然死亡率无关。由客观风险因素产生或决定的商业养老保险需求量应该被称为商业养老保险的自然需求，这种自然需求远远大于有效需求。

3. 与投保人的消费观念有很大关联

商业养老保险作为一种非必要消费，其有效需求量自然与投保人的消费观念有很大关联。一般来说，人们在投保的时候将会对即期消费与未来消费进行权衡；而且由于信息不对称等因素，相比于进行储蓄或购买其他类型理财产品，人们在购买商业养老保险时需要考虑得更多。此外，宗教、文化传统等方面的原因也会影响商业养老保险的有效需求。

（二）商业养老保险市场有效需求的模型分析

1. 被解释变量的选择

由于商业养老保险市场内部经营的数据可得性较弱，而商业养老保险产品属于寿险产品的一种，所以本书以中国寿险市场为研究样本，进行有效需求的分析，以此来反映商业养老保险市场的有效需求。寿险公司的保费收入可以直接显示出居民购买寿险产品的实际总量，可以反映出寿险产品的有效需求，故本书将其作为被解释变量。

2. 解释变量的选择

按照上文的分析,人口老龄化状况、人们的养老观念、多层次养老保障体系改革、城乡居民收入变化等都影响了商业养老保险市场有效需求。但是由于前三点都属于定性分析,只有城乡居民收入数据可以进行定量分析,故主要将能影响城乡居民收入的各个变量作为解释变量。而由于购买商业寿险的人群绝大部分为城市居民,所以本书只对城市数据进行研究,解释变量包括:

(1) 人均 GDP。人均 GDP 即人均国内生产总值,是经济学中衡量一个国家或地区宏观经济运行状况的有效工具。一般来说,经济结构相似的地方,人均 GDP 越高的地方,人均可支配收入越高。

(2) 城镇居民恩格尔系数。恩格尔系数是食品支出总额占个人消费支出总额的比重,是根据恩格尔定律而得出的比例数。19 世纪中期德国统计学和经济学家恩格尔通过对比利时不同家庭收入与消费支出结构进行研究分析,得出一个带有规律性的原理,即"一个家庭收入越少,用于购买生存性食物的支出在家庭收入中所占的比重就越大"。反之,在食物支出金额不变的前提下,总支出与恩格尔系数成反比。因此,恩格尔系数也被用于衡量一个国家的富裕程度。

(3) 城镇居民储蓄存款余额。城镇居民储蓄存款余额是指城镇居民在某一时点上在银行和其他金融机构的本(人民币)、外币储蓄存款总额,城镇居民对寿险的购买也包括在其储蓄存款余额之内。一般来说,城镇居民储蓄存款余额越高,城镇居民对寿险的购买力越强。

3. 模型的建立与结果分析

本书应用 Eviews 5.0 作为研究工具,通过查找 1997—2010 年 14 组有关数据,建立计量经济学模型进行分析。假设 Y 为保险公司的保费收入,X_1 为人均 GDP,X_2 为城镇居民恩格尔系数,X_3 为城镇居民储蓄存款余额。有关数据如表 3-6 所示。

表 3 - 6　　　各年度全国寿险保费收入、人均 GDP、城镇居民
　　　　　　恩格尔系数及城镇居民储蓄存款余额

年份	全国寿险保费收入（亿元）	人均 GDP（元）	城镇居民恩格尔系数（%）	城镇居民储蓄存款余额（亿元）
1997	249.44	6420.18	46.6	46279.8
1998	668.61	6796.03	44.7	53407.5
1999	770.14	7158.5	42.1	59621.8
2000	851.17	7857.68	39.4	64332.4
2001	1287.58	8621.71	38.2	73762.4
2002	2073.68	9398.05	37.7	86910.7
2003	2669.49	10541.97	37.1	103617.7
2004	2851.30	12335.58	37.7	119555.4
2005	3244.28	14185.36	36.7	141051
2006	3592.64	16499.7	35.8	161587.3
2007	4463.75	20169.46	36.3	172534.2
2008	6658.37	23707.71	37.9	217885.4
2009	7457.44	25607.53	36.5	260771.7
2010	9679.51	29991.82	35.7	303302.2

资料来源：中国保险监督管理委员会保险业经营数据及中国统计年鉴。

（1）为了消除数据的异方差性，建立双对数模型，即：

$$LnY = \beta_1 LnX_1 + \beta_2 LnX_2 + \beta_3 LnX_3$$

其中 $\beta_j(j=1, 2, \cdots, k)$ 为偏回归系数。

首先建立原假设：$H_0: \beta_j = 0$　$j = 1, 2, \cdots, k$

备择假设：$H_1: \beta_j = 0$

在原假设成立的条件下。用 Eviews 5.0 进行回归，结果得到：

$$LnY = -1.333672LnX_1 - 2.542470LnX_2 + 2.541539LnX_3$$

　　　（-1.720545）　　　（-12.27240）　　　（3.901520）

$R^2 = 0.973524$　　$F = 607.4384$　　$DW = 1.971341$

该模型中的可决系数为 0.973224，说明整体上样本数据拟合较好。对数人均 GDP 不能通过 t 检验（$t_{0.025}(12) = 2.179$）。在 $n =$

14，$k = 3$，α：5% 的条件下查表得 $D_L = 0.767$，$D_u = 1.779$，说明模型不存在自相关性。F 检验无法通过，说明模型存在多重共线性。此外，城镇居民储蓄存款余额与全国寿险保费收入呈正相关，这是与事实不符的。下一步需要剔除变量。

（2）将 $\text{Ln}X_1$ 和 $\text{Ln}X_3$ 分别与 $\text{Ln}X_2$ 回归，发现剔除变量 $\text{Ln}X_3$，仅选取 $\text{Ln}X_1$ 和 $\text{Ln}X_2$ 建立模型更优。即建立双对数模型 $\text{Ln}Y = \beta_1 \text{Ln}X_1 + \beta_2 \text{Ln}X_2$。

用 Eviews 5.0 进行回归，结果得：

$$\text{Ln}Y = 1.676865 \text{Ln}X_1 - 2.225025 \text{Ln}X_2$$
$$(15.38872) \qquad (-7.900335)$$
$$R^2 = 0.936243 \qquad F = 656.4203 \qquad DW = 1.070426$$

可以看出，该模型能通过 F 检验，样本拟合优度较高，且各变量都能通过 t 检验，说明人均 GDP 和恩格尔系数都显著影响着全国寿险保费收入。

此模型估计结果说明，当人均 GDP 每增加 1 个百分点，寿险保费收入平均增长 1.676865 个百分点。这是符合经济运行规律的，因为人均 GDP 的增长反映了人民生活水平的提高，在某种层次上说明了人均可支配收入的增加，促进了寿险需求的增加。

此外，恩格尔系数每下降 1 个百分点，寿险保费收入平均增长 2.225025 个百分点。这也与实际情况相符，说明人们花在生存性的食物上的支出减少了，能够有更多资金进行投资与储蓄，其中就包括购买人寿保险以获得老年生活的保障。

（三）商业养老保险市场的有效供给

与有效需求相对应的，经济学中对有效供给的定义为"与消费需求和消费能力相适应的供给"。可见有效供给是指相对于有效需求部分的供给，是能实现供需平衡的供给。但是，由于在保险市场交易中信息总是不对称的，保险交易的均衡会经常发生改变，进而影响到保险人的有效供给，引发市场失效。这种情况在商业养老保险市场中表现得尤为突出。总体而言，有以下几个因素影响商业养老保险市场的有效供给。

1. 信息不对称

由于商业养老保险商品是一种知识含量较高、涉及多方面要素的特殊商品，而具备从业经验的保险人对于该商品的了解和认知程度要远远高于保险消费者，因而信息不对称现象在商业养老保险商品的交易和消费过程中表现得尤为突出。商业养老保险公司由于得不到足够的信息，无法提供与消费者有效需求量相适应的商业养老保险产品。

2. 基本养老保险的供给

作为基本养老保险的必要补充，商业养老保险产品的需求量总是受到基本养老保险的覆盖面、保障水平等因素的影响。如果一个国家基本养老保险已经能够满足人们的养老需求，那么商业养老保险的需求量就会很低；同样，如果一个国家基本养老保险水平很低，无法满足人们的养老需求，那么人们就会通过购买商业养老保险来实现自我保障。基本养老保险供给通过影响人们对商业养老保险产品有效需求，进而影响商业养老保险提供方对市场的判断，最终影响商业养老保险的有效供给。

3. 商业养老保险市场的成熟度

一个国家商业养老保险市场的成熟度决定了产品供给的能力。如果商业养老保险市场不成熟，各保险公司即便能够完全预估到商业养老保险产品的有效需求，也无法提供足够的商业养老保险产品来满足需求，无法实现产品的有效供给。影响商业养老保险市场成熟度的因素又包括社会经济发展水平、保险经营机制和组织形式、市场监管体系的健全程度、相关制度的完善程度等。

（四）商业养老保险市场供求平衡分析

要验证一个市场是否有效，要在估算其有效需求和有效供给的基础上，验证市场是否达到了供需平衡。保险市场供求平衡，是指在一定费率水平下，保险供给恰好等于保险需求的状态，即保险供给与需求达到均衡点。然而与其他商品市场的供求平衡不同，商业养老保险市场的供求平衡具有以下特点：

1. 供求的总量平衡与结构平衡

所谓总量平衡，是指商业养老保险供给规模与商业养老保险需求规模的平衡。所谓保险供求的结构平衡，是指商业养老保险供给的结构与商业养老保险需求的结构相匹配，又包括商业养老保险供给的险种与消费者需求险种的适应性、商业养老保险产品的费率与消费者缴费能力的适应性等。所以研究商业养老保险市场的供需平衡，不仅要研究商业养老保险产品的有效供给量与有效需求量的平衡，还要对险种与费率、消费者的缴费能力等一起考察。

2. 短期供求平衡与长期供求平衡

考察商业养老保险市场的有效性，不仅要考察当期是否达到供求平衡，还要考察未来是否能够达到供求平衡，才能验证市场是否能实现可持续发展。由于商业养老保险产品是一种"非渴求商品"，其供求受许多外界因素的影响，与人口、经济、社会、制度等各方面的因素都有关联，供给量与需求量的波动性都十分大，所以即使达到了均衡，也是一种短期市场均衡，这种均衡也很容易被打破。因此，研究商业养老保险市场未来的供求平衡显得尤为重要。

3. 受市场监管能力的影响

市场监管是否有效在极大程度上影响了商业养老保险市场供求平衡。即使商业养老保险市场在短期内达到了供需平衡，但如果没有采取有效的监管也无法使这种平衡状态维持下去。所以说，市场的监管影响了商业养老保险市场的供需，继而影响了市场的供需平衡。

因此，本书主要在上文所讨论的市场有效需求与有效供给的基础上，对中国商业养老保险市场产品的供求总量与供求结构、当期供求与未来供求进行分析，加上对市场监管有效性的分析，进而对其有效性进行具体评估。

4. 商业养老保险市场供求的总量平衡

（1）商业养老保险市场短期供求总量分析

通过前文的分析，得到公式：

$$LnY = 1.676865 LnX_1 - 2.225025 LnX_2$$

其中，Y 为保费收入，X_1 为人均 GDP，X_2 为恩格尔系数。通过查找 2014 年的最新数据，我们得到 2014 年我国人均国内生产总值为 46628.50 元，城镇居民恩格尔系数为 35.6[①]，我们可以计算出 2014 年我国寿险的有效需求为 23805 亿元。而 2014 年我国寿险保费收入仅为 12690.28 亿元，可见当期商业养老保险的有效需求没有得到完全的满足，还有很大的市场空间。

（2）商业养老保险市场长期供求总量分析

按照国际货币基金组织的预测，2020 年中国 GDP 总量将达到 770776 亿元[②]，而同时中国人口将达到 14.31 亿左右，即 2020 年中国人均 GDP 会达到 53862.75 元。而按照现阶段我国城镇居民恩格尔系数的下降趋势，2020 年我国城镇居民恩格尔系数将达到富裕状态，即维持在 30% 左右。按照以上预测，我们可以计算出 2020 年中国人寿保险市场的有效需求将达到 44355 亿元。

而按照现在寿险保费收入的增速，2020 年我国寿险保费收入还将翻番，即达到 20000 亿元左右。可见按照现阶段的增速，我国寿险市场仍将处于一种供不应求的状态，需要增大供给以满足市场不断增长的需求。

从以上分析可以得出，商业养老保险市场的供需之间长期存在缺口，虽然居民需要补充工具来弥补基本养老保险、企业年金的替代率不足，但由于商业养老保险产品价格较高，给居民带来的经济负担较重，加上对通货膨胀率上升以及人民币贬值的高预期，造成实际参保率较低。

因此，在人口老龄化背景下，我国基本养老保险无法为劳动者提供充足、全覆盖、稳定的收入保障，企业年金计划发展缓慢，企业参与积极性调动较为困难、商业养老保险市场虽然有较大的发展空间，但由于投保成本较高、保险产品投资信息不对称等问题，在中低收入水平居民中推广存在一定的阻碍。

---

① 资料来源：2014 年国民经济和社会发展统计公报。
② 参见国际货币基金组织《中国经济展望》，2012 年 2 月 6 日。

第四章 消费养老保险的基础理论研究

第一节 新制度经济学理论

制度变迁需要经历一个烦琐而且付出较高经济成本的过程，在传统的经济学理论分析中，以"需求—供给"为主线进行研究是基本方法。在经济学二级学科中，新制度经济学是其中之一，它整合了制度经济学与新古典主义经济学的理论体系，并将其应用于构成经济活动底层基础的社会与法律规范分析之上，在制度分析领域，探索如何有效地将"需求—供给"分析方法予以拓展、运用。

制度的供给由制度的需求所决定，制度需求的主旨在于渴望制度调整或重组后能够对需求者的处境产生改善效果，或者至少相对于制度调整以前，不会使其处境变得更糟。制度的功能只有在制度的供给与需求相互平衡时才能得到有效的释放。如果制度供给超过了制度需求，制度资源就会被浪费。反之，如果制度供给不能满足制度需求，就会形成制度缺位的情形。因此，在现实社会中，导致制度需求产生的导火索往往是由于社会潜在资源未能得到有效使用。这是因为一旦人们的潜在利益无法通过现行的制度安排所获取，一部分的社会激进者将无法容忍，因此推进了制度创新序幕的开启。特别是当社会中孕育出一个新的机会，而且这种机会能使社会的经济效率得到提高，同时对利益分配释放影响力，那么这种机会就会激发制度需求的产生。随着社会货币化程度的加深以及市场经济的健全和发展，以下因素会对制度需求的因素形成直接影响：相对产品和要素价格、宪法秩序、技术和市场规模，以及社会历史演变所形成的人文环境，还有人们对于自尊、安全、发展等诸方面的要求。总之，在实际生活中，由于各个利益参与主体拟实现的目标存在差异，导致其在获取制度支援、实现目标的预期值互不相同，这就导致了制度需求差异性，并经由文化、市场、技术创新等诸因素释放出来，最后只能通过宪法秩序、政府的宏观决策等手段得到实现。而当技术条件、市场规模、资本与劳动等要素的数量及其配比产生变化，其中包含的固有资源将不能被业已形成并在社会生活中发挥着作用的体制充分利用，这就会促使制度变迁。当制度发生变迁以后，如果社会各阶层的人民群众在享有同等经济资源的时候，其境遇没有变得更糟，甚至得到改善，这样的制度变迁就被视作具有有效性。相对于制度需求而言，政府和立法机构总是供给制度的主体，相对于多样化的利益集团和个人提出的不同制度需求，决定制度供给的因素要少得多。

当前，我国经济发展水平步调不一致，导致各群体间经济实力差别明显，这可以由其消费行为（主要指其可以承受的消费水平）显示出来。这也就决定了消费者通过不同消费积累获取的养老保险，在收益水平方面的差别比较大。按照制度发展观的理论，制度供给与需求的相互平衡决定了政策设计的必要意义所在，消费者经济实力不同自然就会导致对制度需求存在差异，因此养老保障模式的设计是否合理是探讨保障制度能否均衡的关键所在。从目前商业保险市场提供的人寿保险产品来看，之所以在消费者中尚未形成大规模的普及购买，主要是因其投保成本较高，预期风险难以量化，导致消费者购买需求不足。而消费养老保险对适应这种制度需求差异性存在良好的弹性。消费养老保险模式是消费者在普通的日常生活消费中利用企业、商家的让利、返款，使商家将其一部分利润以现金返还的方式回报给消费者，并直接充实个人养老保险账户，通过专业管理公司的资金运作，实现账户资金的保值、增值。这种制度既不增加消费者为积累养老储蓄承受的额外经济负担，风险在一定范围内也是可控的；同时，消费者消费能力将导致消费水平存在差异，从而获取不同的经济积累，显现出制度供给对制度需求适应的差异性，体现出"以人为本"的特征。

第二节　消费与储蓄总量的均衡

美国麻省理工学院经济学教授莫迪格里安尼提出了生命周期假设：随着人们一生中工作、生活的阶段不同，在平衡消费与储蓄之间存在着客观规律，这种规律是一种绝对符合常理的客观假说，从古至今这种生活倾向都被人们所沿袭。即伴随着壮年期，人们通过工作不断地积累劳动成果，在进行储蓄的同时进行有计划的消费；然而，到达退休养老的阶段，人们完全依靠消费壮年期积累的果实来保证退休阶段所需的养老开支，即进行负储蓄。在壮年期，为了维持退休养老阶段正常消费水平，人们通常会选择以缩减当期消费支出为代价，因此不能最大限度地满足整个生命周期中的消费需求。

从经济发展观的视野来看，经济发展过程中遵循消费与储蓄总量的均衡。随着经济的发展、社会的进步，人们的生活观念发生了巨大变化，投资理财意识逐渐增强，考虑通过多种渠道的投资实现劳动果实的保值增值。具体表现为在如何平衡消费需求与储蓄需求间存在的矛盾时，一部分兼具经济实力和投资理财技能的消费者倾向于通过投资、资本运作的方式来满足消费需求，这对于打破我国目前消费总量与储蓄总量规模间的平衡有一定不利影响。因此，对于经济结构的失衡应当如何进行调整，实现转变，从而恢复消费与储蓄规模的均衡是值得深思的问题。经过研究，可以通过不断地修正、完善市场制度，在一个产生恰当激励的环境里有效地运行国民的消费—储蓄决策。

根据新经济观点，在消费过程中，消费者通过获得产品消费、享受服务，物质、文化需求得到持续、不间断的满足。消费也可以被视同为一种投资，其投资价值表现在消费的倍增可以传导至生产的倍增，使生产价值的增值得到更充分的体现。从这点来看，消费者对社会资本的增值付出了最大的贡献，根据其贡献程度的大小不同，商家应当将其利润按比例返还，才能激发消费者的主动消费的意识和兴趣，促进经济发展进入良好、健康的轨道。

我国是一个拥有超过 13 亿人口的消费大国，伴随着城镇化发展战略的推进，国内市场的需求潜力将进一步地被挖掘，消费规模和层级也将大幅升级。如果能够建立消费与养老储蓄相互促进的制度，协调消费与养老间的关系，发挥消费对养老储蓄的带动作用，以养老储蓄促进消费、激励消费的良性循环，既能有利于促进消费与储蓄总量协调均衡，也有利于对我国未来几十年的经济发展奠定较强的支撑。

第三节　福利多元主义理论

福利多元主义（也称福利多元组合或混合福利经济）是 20 世纪 80 年代欧洲国家社会政策领域新兴的理论范式。它是社会政策领域在经历解决工业革命早期的"家庭失灵"问题，工业革命时期的"市场失灵"问题和后工业时期的"政府失灵"问题后，对社会政策及福利制度的理性反思。它认为福利来源是多元化的，家庭、政府、市场、社区、第三部门等都在提供福利。[1]

福利多元化，也称"福利社会"、"混合福利经济"，是指福利不应局限于政府一家，应由多个部门（如志愿组织、私营部门和非正式部门）共同提供，以减少政府在福利提供中的作用，达到控制福利开支的目的，倡导社会共同责任本位。福利多元化之所以谓之"多元"，主要是指福利来源的多元性，在西方社会政策领域中，福

---

[1] 黄叶青：《福利多元主义：理论逻辑的发展与三个类型福利国家的实践》，硕士学位论文，南开大学，2008 年，第 8 页。

利多元化主要指福利的规则、筹资和提供由不同部门共负责任，共同完成。将政府的角色转变为规范者和仲裁者，强化营利组织、非营利组织、家庭社区的作用，以弥补政府组织退出领域后的空白。"福利提供者多元化"这一概念最早出现在《福利的社会分工》（Titmuss R.，1958）一文中，认为社会福利体系由社会、财税和职业三种福利构成。"福利多元主义"概念出现于 1978 年《志愿组织的未来：沃尔芬登委员会的报告》中，该报告主张将志愿组织纳入社会福利提供者的行列，并运用于英国社会政策的实践。罗斯（Rose，1986）对福利多元组合理论进行了明确阐述，认为社会中的福利来源于三个部门：家庭、市场和国家。这三者作为福利的提供方，任何一方对于其他两方都有所贡献，三者共同构成一个社会的福利多元组合，称为"三分法"。额菲尔教授（Evers，1988）在借鉴罗斯研究成果的基础上提出了"福利三角理论"（Welfare Triangle）。他认为罗斯的三分法，即国家、家庭和市场过于简单，应该将整体放置在社会经济文化大环境下，显示三角性对应的组织和功能，衍生出国家、（市场）经济和家庭。国家代表公共组织，体现着公平和保障；（市场）经济代表正式组织，彰显自主选择权；家庭是非正式组织，从微观上代表团结。额菲尔教授认为福利三角理论是福利多元化的一种类型，社会成员通过互动产生行动，作为行动者的社会成员在国家、（市场）经济和家庭的互动过程中提供了多元的社会福利，并且此消彼长。随着公民社会的不断增长，以志愿者组织、非营利部门为代表的民间社会力量对社会福利的整合意义日益凸显，学者约翰逊（Johnson N.，1999）对福利多元组合进行修正后，将志愿组织纳入社会福利提供的行列，认为政府部门、家庭、市场、志愿组织共同构成社会福利的四大来源，对于不同福利项目的来源根据福利项目的特性会有所不同，也称福利多元主义的四分法。[①] 约翰逊认为民间社会在福利供给上可以将不同层

---

① 汪大海、张建伟：《福利多元主义视角下社会组织参与养老服务问题——"鹤童模式"的经验与瓶颈》，《华东经济管理》2013 年第 2 期。

次、不同理念的政府、社区和市场相互连接，从而使局部利益与公共利益趋于一致。

"福利三角理论"、四分法模式为福利提供者多元化概念的拓展奠定了基础，不管按照哪种模式，虽然不同福利主体的价值理念与服务对象不尽相同，所扮演的角色和运行机制也不同，但是它们之间既相互独立又相互协作，共同承担社会福利责任。其中，分权（Decentralization）和参与（Participation）是福利多元主义理论中反复强调的两个重要理念。分权指的是政府将福利服务提供的责任转移至私有市场，同时也含有中央政府将职权下放地方政府和资源继续分散至邻里或是小型社会服务团体的意义。参与是指希望福利提供者（社区、非营利组织等）和福利消费者共同参与福利服务的制度决策及服务输送过程。因此，福利多元化在福利制度方面，主张政府权力分散化、福利服务民营化，将福利服务的生产和输送从政府部门撤出，福利责任由非政府部门，即市场、非营利部门、家庭和个人共同承担，而且来源越多越好，区别于以往由政府垄断供给福利的模式，政府的角色转变为福利服务的规范者、福利服务的购买者、物品管理的仲裁者以及促进其他部门从事服务供给的角色；通过对政府、市场、非营利组织、家庭等参与主体职能的重新界定，明确由各方主体共同承担社会服务供给的模式，并对多元化的社会福利服务进行有机整合，通过转变政府角色和强化社会各主体的民主参与来满足社会福利需求的变化。我国的养老模式、养老保障体系的建设仍处于不成熟的阶段，通过借鉴福利多元主义思想，能够为当前养老服务的发展提供较强的理论参考价值。

福利多元主义理论中就社会福利多元化开展的论述，不仅强调多元化主体共同承担社会福利履行的责任，即社会福利的规则、筹资和提供应由不同部门共同负责、共同完成，还包括福利对象的公众化。具体来讲，社会福利多元化应该包括福利主体的多元化、筹资渠道的多样化、福利对象的公众化和服务队伍的专业化这四个维度。

依据福利多元主义理论的核心思想，消费养老保险模式的设计思路与之相契合。在消费养老保险模式的"生态圈"中，消费者、企业、政府、社会组织等众多责任主体共同参与。企业根据消费者的消费金额，从中做出一部分利润让渡，给予其相应的返利积分，返利积分起到了养老金补给的作用，增加了养老金的来源渠道，为消费者提供了福利经费。福利对象惠及所有社会成员，不论社会阶层、经济收入情况如何，只要发生了消费活动，消费者就可以获得相应的福利，能够有效改变以往社会福利仅仅针对体制内人员、社会救助群体等传统服务对象的现状。为了保障消费养老保险项目的运行效率，也应引入市场化管理机制，通过专业的养老服务公司运营、操作，引入竞争机制，实现提升服务标准、完善养老金渠道供给模式的意义。

第四节　消费资本论

消费资本论的提出充分体现了用发展、开放的理念整合中西方研究成果。它既深入洞悉了中国传统消费思想的精髓，又通过充分梳理西方经济学的理念和研究成果，将其精华为我所用，进而立足于当代世界和中国的社会经济条件，形成了一套崭新的经济理论。

一　消费资本论的历史渊源

（一）中国传统的消费思想

在中国的古典哲学和经济学中，中国传统消费思想特点鲜明，对于国人的消费观、生活方式产生了深远的影响。其中，儒家的等级消费观是中国传统消费思想中的中流砥柱，孔子是代表人物。孔子是儒家学派的创始人，他将等级制度放在核心地位，倡导道德教化，提出人与人之间存在名分、社会等级的差别，进而，一个人的政治地位、经济利益和消费状况都会受到名分和社会等级的影响，并由此提出贵贱有序、贫富有差、消费有别的等级消费观。同时，他还主张节用、宁俭，强调对消费行为进行有必要的道德约束。①
《国语·晋语》中有"公食贡，大夫食邑，士食田，庶人食力，工
商食官，皂隶食职，官宰食加"，体现了最基本的消费思想，即消
费严苛的等级差别在不同阶级、不同阶层的人士中存在。同时，孔
子将消费行为与道德追求相结合，认为"合于义，至乎礼，虽苦亦
乐"。

　　中国人的消费观念除了受到儒家学派思想的影响，道家提出的
"无为消费观"也起到了显著的影响作用。其中，道家的代表人物
老子，他尊道贵德，提倡顺应自然、无为而治，这种观念也影响他
在消费问题上以返璞归真、去奢从简为核心理念，提倡清心寡欲、
简朴自持和知足常乐。这种知足常乐的哲理，对于促进人的身心健
康、和谐发展、调节消费需求与消费能力之间的矛盾具有正面的推
进作用。②

　　与孔子倡导按照阶级划分差异化的消费标准不同，墨家学派的
创始人墨子在中国消费经济思想史的研究中独树一帜。他提倡以节
用论为核心，破除等级界限的普遍消费标准。在《墨子·辞过》中
就提出了"富贵者奢侈，孤寡者冻馁，虽欲无乱，不可得也"。这
就意味着如果在一个社会里，由于消费标准的差异性巨大，就会形
成一部分富有阶层挥金如土，而另一部分穷困潦倒阶层却在温饱
线、贫困线上挣扎，这对于建设和谐、安定的社会秩序是不利的。
这也就揭示了一个道理，如果企业、商家将目标客户群体限定在富
裕阶层的客户，而置大众消费于不顾，那么对于获取长久、持续的
利润是不现实的。同样，如果政府官员也仅仅关心高收入阶层的消
费利益，那么，国民生计如何保障？

　　通过对我国传统消费思想的梳理，可以看出，消费资本论从中
吸取和借鉴了核心理念，即关注大众消费者的诉求，通过给予消费

───────────

　　① 傅允生：《去奢从简：中国古代消费观溯源——从孔子、老子消费思想说起》，
《现代财经》2000 年第 10 期。

　　② 同上。

所蕴含的潜在价值和力量充分的认定，一方面，能够使消费者的利益得到保障，另一方面，将消费的力量传导至对社会生产、社会道德以及价值观的影响之中，使消费也能够发挥出其作为社会资本的力量。因此，消费资本论不仅是对中国传统古代消费思想的继承和引申，还将释放其作为社会资本的力量，充分发挥出来。

（二）西方消费主权思想

现代经济学之父亚当·斯密在《国富论》中提到"消费者主权"。消费者主权是诠释市场上消费者和生产者关系的一个概念，消费者通过其消费行为以表现其本身意愿和偏好的经济体系，称为消费者主权。换言之，即消费者根据自己意愿和偏好到市场上选购所需商品和服务，这样消费者意愿和偏好等信息就通过市场传达给了生产者。于是生产者根据消费者的消费行为所反馈回来的信息来安排生产，提供消费者所需的商品和服务。这就意味着消费者的消费行为能够在商品生产这一最基本经济问题上起决定性作用。可以用一个形象的比喻来说明，当消费者花费一元钱购买了商品，就相当于是使用价值为一元钱的货币工具向购买的商品标的投出了一张"货币选票"。消费者对于商品的喜好程度越高，投出的"货币选票"的数量也就越多。因此，对"货币选票"的投向和数量进行分析，就能够将消费者对不同商品的偏好程度分成不同的等级层次，体现出其经济利益和意向。同时，生产者也可以从"货币选票"中获取有价值的信息，即如果生产者提供的产品或者服务不适应消费者的需求，那么消费者就不愿意向该项产品或者服务投票，接下来生产者的经济利益就会受到影响，盈利减少甚至亏损。因此，生产者以消费者"货币选票"为风向标，有助于其确定生产的数量、雇用的劳动力和所需的生产资料，对于其改进技术、降低成本、增加产品品类等，以满足消费者的需要，提升盈利能力，改善利润空间。

从属性上看，消费资本论与消费主权理论既有近似之处，又存在差异。消费主权理论充分肯定了消费者、消费者行为的重要意义，但在识别了重要意义的基础上，如何使这层意义发挥更大的价值并没有给出解决方案。具体而言，消费主权理论对于生产者应当如何利用"货币选票"的信息、在"消费者主权"的前提下如何获取消费者的认可和支持提出措施，在理论研究层面提出消费者与生产者之间的对立关系，即消费者的主权与生产者的服从是相互对立的。而消费资本论认为两者之间并不是对立关系，而是在一定条件下可以促成两者的结合，在市场上形成消费资本化，使两者从对立走向统一，而并非是此消彼长的关系。不仅能够使消费者的主权获得满足，也可以促使消费资本化的作用发酵，提高企业盈利水平。

二 消费资本论概述

消费资本论是随着改革开放、市场经济的深化发展而衍生出的一项新观念，消费资本论的创始人陈瑜教授在吸收和借鉴了中西方的消费理论后，于 2005 年提出了"消费资本论"。传统经济学理论认为货币资本是推进经济发展的唯一资本。但在专家学者对于市场经济发展的研究中形成了新的观点。人们渐渐发现：除了货币资本以外，知识资本、消费资本都是市场经济资本构成的必不可少的部分，发挥着重要而且不可替代的作用。但在过去的时间里，货币资本却往往被寄予了过多的认知和重视程度，相应地，为货币资本所有者给予了充足的保障权益。与之形成反差的是，知识资本、消费资本以及其所有者，长久以来处于边缘化的位置，因此造成了货币资本成为推动经济发展唯一源泉的状态。这种情形下容易导致资本充足量缺乏、创新动力不足、消费能力和效应受到挤压等问题。伴随着市场经济步伐的不断迈进，人们也逐渐转换思路并充分认识到在市场竞争中消费者将起到最终的、具有决定性的作用。也就是说，当消费者真正转变为市场的主人，才能如同新鲜血液一般，为经济发展注入新的动力源泉。因此，能够获取最大规模消费者的商家，才能成为市场的赢家，获取最可观的资本注入。因此，派生出了消费资本的概念，并在此基础上形成了消费资本论的理论体系。从而，在市场经济发展过程中，知识资本、消费资本的作用逐渐凸显出来，与货币资本共同作为推动经济发展的引擎。

消费资本论是将消费行为和其实现的价值向生产和经营领域拓

展，在这个过程中，生产厂家和企业重新审视消费者的购买行为，不是单单地将其作为一种对本企业产品的采购行为，更进一步地肯定了其投资的意义，为了对该项投资进行回报，把企业利润的一定比例返还给消费者。从而消费者通过购买商品，不仅仅获取了商品的使用价值，而且通过获取利润反馈，使购买也演变成了一种储蓄和投资，消费者具有了投资者的新身份，将消费转变为资本。

因此，消费者在被赋予多重角色的过程中，其在产品消费链的位置也发生了迁移，从末端移动至前端。此时，消费者在购买过程中获取的效应已经突破了通过消费满足个人的偏好、取得消耗商品使用价值的满足感，其消费行为更被视作一种参与企业的投资行为。企业的发展与成长过程中凝结而成的果实不仅要拿出一部分与消费者进行分享，同时消费信息也具有显著的反馈价值，对促进企业产品结构调整和发展具有不可忽视的作用。在此过程中，消费者和商家作为销售、购买过程的参与主体，能够同时获益，这样一种互利互惠、共赢的关系将有利于巩固双方长期、可持续的关系，进入良性循环。

三　消费资本论的理论意义和实践价值

消费资本论为扩大消费需求提供了理论支撑，从消费者的消费行为同时也是一项投资行为的新视角，提出消费者既扮演了市场主人的角色，也能够为经济发展注入新的发展活力。结合我国部分地区已经面临的养老金空账运行的困境，"钱从哪里来"的问题值得政策制定者和学者们认真思考。做实养老金账户依靠传统的"等、靠、要"，是不能持续的，因此，通过自食其力，"不靠、不要、不等"的解决方法是做实个人养老金账户的核心思路。目前，固有的、传统的商业模式正受到市场经济改革发展的冲击，卖方在交易中的市场地位正在削弱，买方的话语权逐渐被重视甚至在买卖中占据着主导地位。消费养老保险模式囊括了消费、积分、让利、返款、储蓄、获取养老保险等多个环节，作为一种新兴的商业模式，正在对传统商业模式形成挑战。消费养老保险根据个人消费水平的不同，依靠长期、持续的消费，点滴积累养老金。这种模式下，政府鼓励个人在消费的同时利用商家的让利返款完成储蓄积累并投保的过程，从一定程度上对基本养老保险覆盖范围局限、保障程度不高的现状能够进行补充，分流、缓解社保养老压力。如果能在全国范围内推开，逐渐形成我国居民养老保障的一个重要支柱，那么，对于全社会多层次养老保障体系的构建意义将尤其显著。因此，消费资本论在消费养老保险模式构建中的运用，体现了全民参保的理念，通过充分发挥消费资本的作用，有效解决养老金筹集的问题。

第五节　消费养老保险的概念、属性特征及功能

一　消费养老保险的概念

我国著名经济学家陈瑜教授在《消费资本论》一书中最早开始了对消费资本论应用于保险行业的探索，经过与实业界人士的研讨、提炼，将"消费养老保险"的概念归纳为：消费者通过日常的消费活动，在不需要额外缴纳任何费用的情况下就可以获得一份养老保险。具体而言，由参与消费养老保险项目的企业和商家，通过消费养老保险平台的推介，向消费者展示商品信息，当发生一笔商品购买时，企业或商家根据消费者的消费金额、消费产品种类对消费者进行返利，并将返利金额打入消费者开立的账户中，账户中的资金通过投资商业养老保险产品，实现投资增值，当消费者退休时，根据相关协议，将账户中的累计资金一次性或分期返还给他们。

相较传统的养老保险，"消费养老保险"模式不是一个单一的险种，它是集商家企业的联营、银行对积累资金的筹集运作、具有国家授权资质的专门机构进行日常运行管理的整体运营系统。现有的商业养老保险产品的投保成本较高，客户群体一般针对中高收入群体，面临养老金严重缺乏、退休生活保障程度较差问题的低收入群体是无力负担的。然而，消费养老保险的受益群体不局限于有较

强购买能力和较高收入水平的中高收入群体，对于低收入弱势群体，只要有消费活动产生，就可以自动、无须负担额外经济成本地积累养老金，具有"普惠式"的特点。因此，消费养老保险从本质上看仍然是一种商业保险，但它可以在不增加额外经济负担、承担心理压力的前提下，通过一种"强制"的手段促进个人进行养老储蓄积累。

综上所述，消费养老保险的比较优势在于将日常生活消费与养老保险两个没有交集的领域连接起来，通过消费积累养老金，消费即是参保，是传统养老模式的一种重要补充。企业通过加盟消费养老保险平台，通过"产品消费—利润分配—养老金积累"的传导机制，与消费者建立了利益同盟，对提高消费者忠诚度，形成稳定的客源奠定了基础。

本书对消费养老保险的概念进行了界定。消费养老保险是从消费资本论中"消费能够转化为资本"的观点出发，将消费者向商家或企业购买商品的行为视同为一种对商家或企业的投资，该项投资应当为消费者赢得必要的回馈。因此，商家或企业定期将该笔消费（投资）获得的利润按照消费（投资）金额的一定比例向消费者以消费积分的形式进行返还，然后消费积分按照一定的兑换比例通过结算系统折合为消费让利返款，计入消费者个人账户，并通过投资保险公司的养老保险产品获得款项的保值、增值。该账户内的消费让利返款通过日积月累的投资收益累积形成一笔可观的养老金，使消费者到达退休年龄时可以按月支取，从而对已有的养老金来源形成有效补充、提高消费者退休生活质量。

二　消费养老保险的属性特征

消费养老保险不同于普通的商业保险，它连通了消费、养老和保险三大模块，集商家企业的联营、银行清算管理和保险机构对累积资金的投资运作为一体，在不增加消费者额外支出的前提下，通过基本、必要的日常消费行为自动获取养老保险、进行养老储蓄积累。这种保险模式相较传统模式而言局限性小、操作方便，不受投资金额、时点、周期约束，自动完成养老金的累积，能够缓解消费者，特别是中低收入水平居民的经济、心理负担。同时，对于参与的商家、企业而言，也通过参与消费养老保险获取稳定的客源，提高经营效益。消费养老保险模式具有以下特征：

第一，创立了一种新理念。消费养老保险项目借用了消费也是一种投资的观点，针对我国居民养老金筹集渠道狭窄、居民退休后养老金替代率低的现状，在不增加额外经济负担的前提下，将养老金筹集的任务转嫁给商家、企业，经由其让渡一部分利润的方式而完成。同时，商家、企业能够让渡利润的前提是消费者选择购买其商品、完成消费，从而形成了消费、利润让渡、养老金筹集的一个完整循环，使消费者在消费过程中不仅能够获取商品的使用价值，还能通过消费进行养老金的点滴积累，将消费与养老进行绑定。因此，融合了现代消费和养老的全新理念，消费者的切身利益和目前大消费时代紧密结合在一起，连接最根基性和最全面的利益网络，以日常消费行为为纽带，解决棘手的养老保险问题，形成一个新型的消费模式。

第二，拓展了一条新渠道。通过消费、利润让渡、养老金筹集这一循环周而复始的工作，消费养老保险项目定点连接了包括银行、保险公司等金融机构在内的一系列合作方，商品、金融类投资品都放在同一个平台供消费者选择。对商品和投资品的供给者而言，面对的消费群体规模更大、层次更广泛；对商品和投资者的需求者而言，可供选择的品种更多，同时，需要比较和辨别的信息也更复杂。通过实施消费养老保险项目，如果能够在买卖过程中降低信息不对称的程度，提高程序一体化和运营规模化，充分保障消费者和企业商家的合法权益，那么该模式就能够颠覆以往传统的商家对消费者的渠道关系，优化企业商家销售途径、消费者购买渠道。

第三，打造了一种新模式。目前个人商业养老保险保费缴纳金额相对于居民个人年收入而言，定价偏高，居民负担水平有限，导致我国个人商业养老保险市场扩张规模有限、发展步伐缓慢。消费养老保险项目通过为居民和保险公司搭桥，在没有增加居民现有经济负担的基础上，有条件为自己或家人增加一份养老保障，让更多的居民负担得起个人养老保险，并通过在保险公司和银行建立的账户作为信用支持载体，通过零星的、可间断的、数额大小不一的投入，有弹性地、持续地完成养老保险基金储备，做到账户分离，灵活提取款项，实现消费有保险，保险有保障。同时，通过聚沙成塔的效应为商业养老保险运作在更广的范围内募集到资金，并通过保险公司的专业运作管理，借助资金规模效应扩大参保资金的投资范围和投资标的，降低组合投资风险。

第四，兼顾了国家的统筹管理和监管问题。目前我国养老保险基金存在极大的地域性差别。保险费用来源不同、保障程度不一，彼此独立，缺乏衔接，具有明显的"碎片化"特点。作为社保补充型的消费养老保险模式是多消费多积累，少消费少积累，注册联网，返款记账，便于核算，适合各类消费群体而无须增设参保门槛。极有利于个人保险基金的延续、累计、流动管理及地方衔接，从而实现全国统筹与监管。①

第五，间接实现了消费市场的规范。在物质产品极其丰富的今天，商品的选择性、便捷性很强，消费者最重视的是能够在一个良好的消费环境里安全放心地消费。面对纷繁复杂的消费市场，加盟消费养老保险项目的企业或商家首先应在制度、管理、质量、服务等方面有一个统一的标准，由监管部门对其运营情况进行监督把关，优胜劣汰，这样既可以提升企业形象，又能维护消费者利益，形成消费市场健康有序的良性循环。②

三 消费养老保险的功能

首先，消费养老保险对消费者的功能可以归纳为以下几点：（1）参保便捷。相较基本养老保险，消费养老保险对参保人的年龄、身份、所在地域等没有任何限制。（2）省钱消费，消费者到消费养老保险项目的合作商家企业处进行消费能享受商家促销活动给予的各项优惠政策。（3）积攒养老金，消费者消费后就能零成本轻

---

① 陆曦：《消费养老保障模式理论与可行性》，《经管研究》2011 年第 8 期。
② 同上。

松积攒养老金，增加退休后的经济来源，提高退休生活品质；同时消费养老保险对保费缴费时间和数额也没有设置门槛，不存在定期、定额缴费的约束条件，即使缴费中途发生中断、空档期也不影响投保人的权益。（4）省心消费，消费养老保险项目一旦能够在全省甚至全国范围内推广，消费者的消费和累积保险金的行为将不会受到任何时间、空间的限制。（5）受益形式多样化。消费养老保险在期满时，消费者可以对自身经济、健康状况等进行综合评估后，选择养老金的支付方式，确定分期支付还是一次性支付。（6）享受增值服务。随着消费养老保险信息化平台的构建和完善，消费者可以享受到消费养老保险平台的各种增值服务。（7）获得额外金融投资项目服务。随着保险资金获准投资范围的扩大，消费者拥有更大的投资标的选择权，根据个人能够承担的风险程度和预期投资收益率筛选投资对象，通过分散投资有效转移风险。

其次，消费养老保险对参与企业商家的有益之处可以归纳为：（1）将消费者的消费定位为对自己产品的一种投资，并以投资回报形式将一定比例的企业利润发放给消费者，通过"以消费积攒保险，以消费促进发展"的理念能够激发消费者的购买热情，虽然参与消费养老保险项目的商家来自不同行业，但通过统一平台集合营销的方式，可以在更大范围内实现客户共享。同时，通过老客户的"口碑营销"带动新客户规模的增长。同时由于对消费者参与项目设置的门槛低、限制条件少，因此目标客户群涉及的范围比较广，涵盖了城镇及乡村多个区域。这就意味着凡是有消费存在的区域就能为实施消费养老提供必要的存在环境，因此，商家企业从该模式的运行中获取了规模经济效应、消费聚拢效应、资本沉淀效应和市场压力效应。（2）获取消费聚拢效应。在实现消费资本化的过程中，消费者不仅扮演了传统、单一的消费者角色，还能够成为分享企业发展成果的一员，获得综合、长期的回报和利益。具有利润分享意愿的企业将如同一块具有强劲引力的"磁铁"，释放出亲和力和吸引力，将消费者集聚在其周围，使其对企业的经营、发展保持长期、紧密的关注，在发挥这样的聚焦优势的基础上，如果企业可以进一步改进产品的质量，提升服务的品质，使已有的消费者群体更加紧密地团结在其周围，逐步树立、巩固其在消费者心目中的品牌地位和形象，并通过频繁的品牌、产品交流和互动，增进与消费者之间的关联度，通过完整的信息流通渠道，用诚信和周到的服务来培养消费者的忠诚度，充分释放消费聚拢效应，推动企业的可持续进步和发展。（3）除了直接获取的经济收益外，参与项目的商家企业还能够借助不断发展壮大的电子商务运营模式，以较小的代价获取可观的广告值和系统培训服务，有助于提高企业运营水平、扩大企业比较优势、提升其核心竞争力。（4）获取资本沉淀效应。企业在任何阶段的发展、核心竞争力的升级都离不开资本的推动，可以说资本是推动企业发展的原动力。消费养老模式的核心理念是当企业将消费者购买产品的消费额的一定比例通过利润返还的途径，先以记账的形式计入消费者的投资账户中，然后经过了一段时间以后，企业才根据账户余额与企业盈利情况，以一定比例的资金分期返还给消费者，企业的收入和支出之间形成了一个时间差，这使企业始终在账面上保留了一定的资本存量。这个资本存量将伴随着消费规模的扩大，以动态累积的方式以算数甚至几何级数累积的方式增加，为企业创造了一个取得资金支持的渠道。（5）降低商家企业运营成本，特别是租金、人工成本项目的大幅降低，这是因为通过在线上为商家搭建交易平台，可以缓解商家线下开实体店铺租金贵的现状。（6）产生市场压力效应。企业除了获得前述的货币资本和社会资本等市场动力推动以外，其生产、经营活动也将置于具有建设性意义的市场压力之中。这表现为消费者对企业投资、对企业生产销售的持续参与将有助于提高企业质量管理水平、提升服务意识，也将有助于企业在更广阔、更深入的空间和范围中完成信息的搜集、筛选和分析，更精准地洞悉市场需求。在这样的市场压力下，企业最终会在提高产品质量和降低生产成本方面，甚至在产权改革、现代企业制度的建设方面开展根本性的变革。

再次，消费养老保险还有助于拉动消费、刺激经济增长。虽然在过去的 30 多年里，中国经济在投资、消费与出口"三驾马车"

的拉动下，享受了改革开放的成果，维持了持续性的高增长，但目前却面临着动力结构的失衡与再平衡。投资与出口的拉力正趋于减弱；在内需和外需两方面，受到欧洲经济危机和美国经济增速下滑的双重影响，外需增长开始减速。因此将经济增长的焦点放在了如何提高居民的消费积极性和购买力，拉动内需的有效增长。但我国居民储蓄率长期居高不下，这是由于社会保障制度不完善，我国老百姓面临"四座大山"的压力，存款的主要目的是供子女上学、买房、养老及医疗，其中存钱用于养老和医疗是一个重要方面。由于对年老后经济收入的悲观预期和面临养老金替代率较低的现实问题，人们在工作时期往往节衣缩食，不敢过分消费，通过储蓄以备不时之需。一般而言，中低收入居民的消费倾向高于高收入居民，农村居民的消费倾向高于城镇居民。据调查，2010 年我国城镇居民最低 10% 收入组居民消费倾向（居民消费支出与可支配收入之比）为 0.995，而最高 10% 收入组为 0.618。[①] 因此，一方面，通过寻找新的经济增长点、提高投资的针对性，提高城乡居民收入水平；另一方面，从养老金筹集渠道的建设入手，既要大幅度提高新型农村社会养老保险和城镇居民社会养老保险制度的覆盖率，也要积极推行"消费养老保险"模式，持续提高社会保障水平均线，这对形成良好的消费预期和消费需求具有直接作用。这也就意味着，通过政府合理的养老保障制度设计、安排和财政支出的充分保障，特别针对广大中低收入人群的保障问题加大改善力度，减轻其在面临教育、医疗、养老方面的经济压力，释放银行储蓄存量，提升消费潜能，提高消费规模、拉动内需，带动更多产业规模扩张和产品结构优化升级，增进经济发展动力。

最后，消费养老保险能够改善居民的养老观念，提高老年人的生活质量。如前文所述，我国正处于人口老龄化程度极度严峻的状态，按照现有的增长速度发展，我国将会在 40 年以后进入"深度

---

① 王悦威：《中国扩张消费需要跨越四道坎》，新华网网站，http://news.xinhuanet.com/fortune/2010-05/27/C_12146453_2.htm，2016 年 3 月 1 日。

老龄化社会"，到那时当前的"80后""90后"，也就成为深度老龄化社会下亟待解决养老问题的主体。通过消费养老保险模式，既提供了一种积累养老金的新途径，也能够培养年轻人为未来退休养老做好储备资金的意识，制定科学、合理的养老规划，同时又不会对现在的生活造成较大的经济负担。事实上，在年轻人群体中，具备养老忧患意识、能够在较早的阶段开始思考自己的养老问题并进行长期规划、安排的人是极少数的。由于缺乏一种本质上、意识上的主观能动性，同时又热衷于消费甚至是透支消费，这就会造成其没有储备足够使用的养老金，退休后的生活质量堪忧。消费养老保险模式通过连接消费和养老两方面，为现在的年轻人积累养老金开拓了一个新的思路，为应对老龄化的挑战提供了一个新的视角。例如，按照"消费养老保险"模式，如果从一个人成年后的第一笔消费开始，通过将消费价款的一定比例折算为消费养老保险金，投入消费养老保险账户，经过数年的投资复利效应累积，将会使其在达到退休年龄后就可以享受到一笔数字可观的养老金，这种方式不会为其带来额外的经济负担，而是通过一种企业利润让渡给消费者的方式，帮助其形成了一条养老金的补给渠道，以供改善老年后的生活状况。

因此，消费养老保险模式的理念是将"拉动内需"的经济目标与"保障民生"的社会目标有机结合起来，向社会大众提供了一种解决现行社会保障制度难题的可行方案，改善居民退休生活质量和养老难现状，有利于进一步完善我国覆盖城乡的社会养老保障体系，提高整个社会的福利水平，具有一定的公益性质，同时在促进经济发展、维护社会秩序及构建和谐社会方面起到积极、重要的作用。

第五章　消费养老保险运行现状和存在的问题

第一节　英国 NECTAR 通用积分模式

通用积分是指众多联盟商家使用同一种积分对会员进行奖励，会员在联盟商家消费时能够获得积分奖励，积分积累起来，可以兑换礼品或者直接返现。在同等条件下，会员必然优先选择可以获得积分奖励的商家消费，从而提高了联盟商家的销售额。通用积分平台的运营者也可以从联盟商家的利润增长中得到收益。通用积分的出现是挖掘消费行为价值的最初表现形式。在目前众多的通用积分平台中，英国的 NECTAR 被公认为其中的代表。它由四家加盟的商家伙伴共同发起建立，包括英国 Barclay 银行、Sainsbury 超市、Debenham 百货公司和 BP 加油站，2002 年 9 月开始正式投入运行。NECTAR 吸收了上千家线上、线下的零售商加盟项目，成为 NECTAR 的特约商户；当客户在任何一家特约商户处进行消费后，凭借办理的 NECTAR 卡或者 Barclay 银行卡获取该笔消费的奖励积分，积分由特约商户发放，并能够在卡内累计。

NECTAR 平台根据获取积分的渠道分为网上商城购物、商场购物、在家消费、外出消费、金融、旅行、健康、出行、绿色公益等项目。为了清楚地向消费者展示获取积分的步骤，每个项目的内容介绍网页中都插入一个讲解视频。累计的积分可以按照不同特约商户约定的兑换比例，用于抵用下一次的消费款项或者兑换为礼品。

在该项目投入运行的第二年，就拥有了超过 2000 万个会员以及 5000 个零售店；NECTAR 积分累计的覆盖范围非常广泛，日用产品消费基本都包括在内，可以通过系统累计积分，根据统计，有效卡中的七成都曾兑换礼物，兑换积分点数的累积价值达到 3.4 亿英镑。

通过平台的使用可以实现以下目的。

首先，为消费者搭建了一个包含各类优惠计划的"无形"超市平台，虽然与消费者之间没有发生任何的金钱交易，但通过消费累计积分，以积分优惠来增加消费者对特约商户的黏性，同时扩大了消费者和商家双方的利益圈，通过特约商户间的强强联手实现更具有规模效应和强度的集合营销。其次，随着商品供求格局变化，在产品、物资非常充足的时代，消费者从被动接受地位逐渐占据主动，拥有较强的话语权，资本投资方向和产品生产都是由消费来决定和主导。通过奖励积分的方式既使消费者从特约商户那里取得了想要的商品，又在没有增加任何成本的前提下，在新一轮的消费中得到实质性的奖励，用积分部分或全部抵扣消费价款，刺激消费需求的增长。最终使消费的意义从长期处于被忽视、淡化的状态演变为一种力量和资本，通过有效的方式被揭示，得到充分的释放，对市场经济增长产生了难以估量的推动作用。

第二节　美国优诺公司积分项目

美国优诺公司（Upromise）是美国最大的大学捐献基金的私营管理企业，是美国最大的提供大学基金的私人机构，其联合创始人是杰弗里。美国优诺公司于 2001 年 4 月成立，Upromise 公司的理念是"每一个人都应该读得起大学"。目前，Upromise 公司已经有一千多万个会员，帮助了众多美国人实现了"大学梦"。它创建了一个"大学储蓄服务"，约束了无数父母、大家庭、普通家庭和学生的购买力，以便他们能够积累资金用于支付大学教育费用。Upromise 的会员通过向 Upromise 公司的合作伙伴进行消费——包括 800 多家网上商店、8000 多家餐馆、成千上万的食品店和药店，为大学教育基金集资。在优诺公司注册的顾客，提供包括姓名、邮寄地址、电话和邮箱地址等个人信息，就能成为优诺公司的会员，优诺公司就为该名消费者免费开具一个特别账户。当这个顾客去签约商户处消费后，签约商户会返还小部分金额到该顾客的账户里作为教育基金。这样一来，只要顾客消费，账户里就会一直有钱存入，从而利用商家已有的积分卡或者银行卡帮助消费者累积子女的大学教育基金或用于个人教育相关用途的开支。

　　无论通过线上或者线下的签约商户完成消费，包括餐饮、日用品购买、旅游等，消费者均需要使用与特别账户绑定的商家积分卡或者银行卡进行刷卡消费。当这笔消费得到签约商户的确认后，将根据消费金额返还 1%—25% 的现金到特别账户，返还款项通常在 30—90 天内到账。消费者可以浏览个人主页随时方便地查询哪些消费返还款项已经到账，哪些还在等待处理过程中。当特别账户积累的资金超过 25 美元以后，消费者可以选择取出该笔款项用作教育基金积累的其他储蓄项目或直接用于偿还学生贷款。对于暂时没有孩子的家庭，账户里的资金只要是用作任何与教育有关的用途都是允许的，包括用于支付工作后的继续教育课程、语言学习课程、职业证书课程、大学学费等；或者还可以将账户里的资金贡献给家庭其他成员或朋友的账户，帮助他们积累或者支付大学学费；当然也可以一直把资金留在账户，直到有了孩子需要支付教育费用的时候再使用。账户内的资金不计利息，免收个人所得税，同时消费者可以灵活地将账户资金取出后存入其他的计息储蓄账户内。截至目前，美国优诺公司积分项目已经帮助数以千万的美国人实现了教育资金的积累，累计金额超过 8500 万美元。

　　上述两个积分平台项目拥有以下相同之处：特约商户均对消费者购买商品通过一定形式给予奖励或反馈，并充分肯定消费者的采购行为，将其视同对本企业的投资，并以现金返利的方式将企业利润的一定比例返还给消费者。区别之处是：当消费者在加盟的特约商户消费后，得到的不是用于抵扣下一次消费的积分，而是可以无限期储蓄、超过一定限额即可支取的教育基金，而非以单纯刺激消费为目的，这也是消费资本论在应用层面的一种更具有典型意义的体现。它的意义在于企业通过价款返还不仅能让消费者无成本地积累教育资金，而且还能通过储蓄、投资渠道获取资金的保值和增值，将消费行为演变成储蓄行为，让居民具有消费者和投资者的双重身份，使消费成为一种资本。

第三节　我国积分宝项目

一　项目简介

2011 年积分宝公司①在中国消费养老事业发展中心的授权下，负责全面运营消费养老保险项目。

项目的核心内容是消费者根据指定要求注册个人身份信息后，办理一张消费养老卡。在指定的消费养老保险定点商家消费时，向商家出示消费养老卡并刷卡消费。在定点商家消费时，既可以享受原价基础上的打折优惠，还可以获得消费积分。该笔消费获取的积分通过银行自动清算、银联系统自动划拨以及中国人保核定到户等步骤，变成消费者的一笔养老金，计入消费者的个人账户（包括消费者养老金专用账户和意外保险金专用账户）。通过专业保险公司的资金运作，实现养老金的保值、增值，直到退休时，投保人可以领取一笔可观的养老金。具体流程见图 5 - 1。项目的运行通过整合线上与线下的服务，为消费者、联盟商家、金融机构（银联、保险等）等搭建一个消费养老保险增值服务平台。

---

① 积分宝公司创建于 2009 年，经营范围包括消费养老保险、企业咨询管理、文化传播和软件技术开发。积分宝公司子公司包括浙江积分宝科技有限公司、杭州积分宝企业管理咨询有限公司、杭州积分宝爱文化传播有限公司、重庆积分宝软件技术开发有限公司。

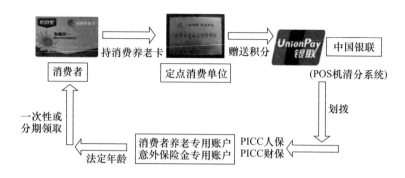

图 5 - 1　消费养老保险项目的运作流程

目前，积分宝公司已经与中国人民人寿保险股份有限公司、中国人民财产保险股份有限公司和中国工商银行三大"国字号"企业签订了战略合作协议，确保养老金的清算、保管以及保值和增值。消费养老保险项目发源于浙江地区，目前在重庆市已投入了正式运行。根据估计，截至 2014 年年底，全国范围内的消费养老保险会员将有望突破 1000 万，地级城市服务中心将超过 80 个，县级城市服务中心将超过 300 个。

二　重庆地区项目运行的调研

（一）项目运行现状

2012 年，重庆市启动了消费养老保险项目。该项目是由重庆市老年事业发展基金会、重庆消费养老项目发展办公室，重庆金拐杖养老服务有限公司、中国工商银行、中国人保公司等金融机构在 2011 年 4 月联合发起的。在浙江积分宝科技有限公司提供的软件平台支持下，重庆金拐杖养老服务有限公司负责项目的专业运营，先后与多家保险公司、银行等机构①签订合作协议，将互联网平台、金融理财和软件开发资源进行有机整合。目前，重庆地区已在南岸区、巴南区、永川区、大渡口区、梁平县、万州区、渝北区和九龙坡区开设了服务中心，主要负责拓展消费养老保险项目的加盟商

---

① 包括中国人民人寿保险股份有限公司重庆分公司、中国人民财产保险股份有限公司重庆分公司、中国邮政储蓄银行重庆两江支行、银联商务有限公司重庆分公司等机构。

家，以及为消费者开通消费养老卡。重庆市老年事业发展基金会正在进一步完善项目实施方案，该项目计划将区域服务中心的设置拓展到重庆38个区县，有望在近一两年内在重庆地区全面推广。

（二）项目运行流程

1. 消费养老保险项目中的参与主体

（1）项目设立单位：重庆市老年事业发展基金会、消费养老项目发展办公室。重庆市老年事业发展基金会系公募性基金机构，其主要任务是动员社会力量关注老年人，支持参与重庆老年事业的发展，积极应对人口老龄化的挑战作出努力。2010年市老基会以渝老基发〔2010〕3号文件通知成立市老基会消费养老项目发展办公室。

（2）政策支持单位：重庆市经济和信息化委员会软件信息服务处。

（3）消费养老运营方：重庆金拐杖养老服务有限公司。重庆金拐杖养老服务有限公司是重庆市老年事业发展基金会消费养老项目发展办公室指定授权的运营单位，是一家为推动重庆消费养老事业发展而成立的专业运营公司。重庆金拐杖养老服务有限公司成立于2012年12月12日，注册资金5900万元，注册地为重庆南岸区。市设总公司（重庆金拐杖养老服务有限公司），各区、县设立分公司（办事处或服务中心）。目前已在巴南、南岸、大渡口、永川、沙坪坝、合川设立了办事处；经过半年多的运作，公司已发展到具有固定员工150余人，临时工80余人的团队规模。[1]

（4）资金的划拨和清算机构：中国银联。

（5）消费养老金托管方：中国人民人寿保险股份有限公司重庆分公司。中国人民人寿保险股份有限公司（以下简称中国人寿保险），是经国务院同意，中国保险监督管理委员会批准，由中国人民保险集团公司（以下简称中国人保）为主发起成立的全国性寿险公司。中国人民人寿保险股份有限公司重庆分公司是中国人民人寿

---

[1]　资料来源于重庆金拐杖养老服务有限公司官网：http://www.jgzyl.com/，2016年1月3日。

保险股份有限公司直属的省级分公司，是重庆市历史最悠久、实力最雄厚的人寿保险公司。

（6）意外保险金托管方：中国人民财产保险股份有限公司重庆分公司。中国人保财险是中国人民保险集团公司（PICC）旗下标志性主业。中国人民财产保险股份有限公司重庆市分公司是中国人民财产保险股份有限公司直属省级分公司，是重庆市历史最悠久、规模最大、机构网点最多、实力最雄厚的财产保险公司。

（7）资金流动和管理平台：中国工商银行重庆分行上清寺支行。中国工商银行成立于 1984 年 1 月 1 日，是中国资产规模最大的商业银行，拥有中国最大的客户群，约 1 亿个人客户和 810 万法人账户，遍布全国的 2 万多个营业网点。

2. 业务运行流程

（1）与加盟商户签订加盟协议。消费养老保险项目服务中心向拟加盟商户定期开办现场讲座，讲解消费养老保险项目的流程和内容，使其知晓并同意重庆金拐杖养老服务有限公司加盟服务条款内容。双方一致同意后，拟加盟商户填写特约商户注册登记表，提供相关工商登记资料，并签订特约商户银联卡受理协议书。

（2）为加盟商户提供硬件、软件支持配套。重庆金拐杖养老服务有限公司为加盟商户安装"积分宝消费养老"专用刷卡 POS 机，并在商户营业区的明显位置粘贴"金拐杖消费养老定点单位"的红色醒目标示。同时，定期派遣工作人员对消费养老卡的使用进行现场培训，并对加盟商户进行定期回访，对使用中遇到的问题进行及时解决。

（3）消费者注册成为消费养老卡用户。消费养老保险项目服务中心工作人员向所负责区域内的居民讲解消费养老保险项目的内容和参与流程，居民只要持身份证进行登记，并一次性缴纳 30 元的费用即可成为消费养老保险项目的会员，获得一张消费养老保险卡，并开通养老专用账户和意外保险专用账户。缴纳的 30 元费用用于自动获取开卡时的两份自带保险，包括价值 10000 元的意外伤害保险和价值 2000 元的意外住院医疗保险。

（4）消费者获取积分、兑换养老金。消费者持有卡片并在任何加入了项目的商户处刷卡购买商品时，消费产品型号、消费金额、商户赠送积分自动在积分宝提供技术支持的综合信息平台中记录，并将详细消费信息以短信形式发送至消费者绑定的手机中，使消费者获得及时的反馈。加盟商户按照事先确定的积分兑换比例，根据消费金额计算赠送积分点数，按照每赠送 2 个积分等价于 1 元人民币的兑换方式，将积分兑换成现金后通过中国银联 POS 机清分系统直接打入市民在保险公司开立的个人保险账户中。保险公司通过购买养老保险产品实现资金的保值、增值，养老保险产品的价值、收益率等信息可供消费者随时查询，当消费者达到退休年龄时，可以选择从个人保险账户一次性或者分期领取养老金。

（三）调研分析

1. 项目加盟商户的调研

项目加盟商户涉及的行业领域能否不断增多、规模能否持续扩大，是这个项目能否良性、可持续发展的关键。根据统计，加盟商户情况可以归纳如下。

截至 2014 年 2 月，重庆地区加盟商户数量达到 195 个。从分布的区域来看，主要集中在南岸区、渝北区、渝中区，三个地区的占比达到64%（见图 5 - 2）；涉及的行业类型包括百货超市、日用品、烟酒茶、医药医疗、家居建材、汽摩、通信器材、教育、文化娱乐、摄影、美容美发、旅游、酒店餐饮等十余个行业（见图 5 - 3），其中美容美发、家居建材和日用品行业分布较为集中，合计超过40%。

南岸区、渝北区和渝中区都是重庆消费养老保险项目最早设置服务中心的区域，区域内人口密度大、产业发展的集中度较高，同行业间的竞争较为激烈。这既为项目的推进奠定了坚实的消费群基础，也为开拓加盟商户创造了便利条件。从区域功能看，南岸区是以城市为主的都市工业区和中央商务区，常住人口超过 80 万人，近年来以批发零售业、住宿餐饮业为代表的第三产业发展迅猛，销售总额年平均增长率超过 20%。渝北区是在撤销原江北县制基础上设立的新区，常住人口超过 146 万人，以汽车制造业和计算机、通信等电子设备制造业为代表的第二产业增速较快，占全区生产总值接近64%。渝中区是重庆市的中心城区，常住人口超过 70 万人，面积狭小，人口密度较大，第三产业是该地区经济支柱，其中以科技信息业、中介服务业、文化创意及相关产业为代表，对 GDP 的贡献率接近97%，全区基本没有农业和工业。

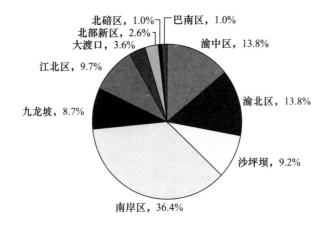

图 5 - 2　重庆地区加盟商户区域分布

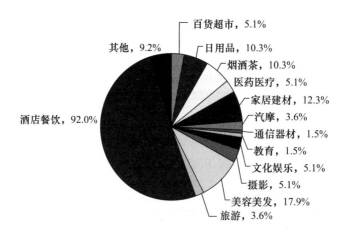

图 5 - 3　重庆地区加盟商户行业分布

首先，采用混合式问卷法对加盟商户进行调研，目的在于向他们了解使用消费养老保险卡在消费者中的普及程度如何、加盟商户从参与项目中在哪些方面得到了实质性的好处、探索还有哪些需要改进的地方以更好地支持商户长期、持续的参与。在南岸区、渝北区、渝中区、沙坪坝、南岸区、九龙坡、江北区、大渡口、北部新区、北碚区和巴南区总共选择160家加盟商户作为调研样本，占总体的82.1%。其中南岸区60个、渝北区16个、渝中区21个、沙坪坝16个、九龙坡15个、江北区16个、大渡口7个、北部新区5个、北碚区2个和巴南区2个。

调查问卷内容包括顾客使用消费养老保险卡的情况、加盟商户对安装硬件设备的使用、对账结果的传递以及金拐杖公司提供的配套服务满意度等方面，问卷内容见附录1。通过问卷反馈结果，力求获取有用的信息，对改进消费养老保险项目的具体设计和实施提供参考依据。

其次，采用现场观察、访谈等方式进行数据采集。调研组在重庆金拐杖养老服务有限公司执行总裁钟姚利的带领下，观摩了积分宝软件平台各板块的模拟演示；在南岸区服务中心经理张成俊和渝中区服务中心经理周麟的带领下，观摩了向对商户开展的有关项目内容介绍的公开宣讲，为了对项目的运行情况获取更直接的反馈信息，与工作人员一起对加盟商户进行了开放式访谈，并亲身经历了顾客持有消费养老保险卡进行刷卡、结算和积分确认的过程。

2. 重庆市民的调研

针对重庆市民的调研主要通过不同手段对以下三种群体进行调研：第一，在周末选择人流量较大的区域，进行随机抽样调查，了解重庆市民对消费养老保险项目的熟悉程度。第二，调研组参与服务中心针对所在区域的居民开展的推广活动，通过对潜在参与群体的调查和访谈，特别是最终没有选择参与该项目的群体，了解其中的缘由。第三，针对已参与消费养老保险项目的消费者，和服务中心工作人员一起进行客户回访，了解他们在参与中的感受，探索项目未来实施中可以优化的环节。

选择被调研的重庆市民样本总数为 600 人，其中包括随机抽样调查 200 人，调研地区在重庆市较繁华的商业中心，包括渝中区解放碑、沙坪坝区三峡广场和江北区观音桥步行街。潜在参与群体抽调 200 人，调研地点选择了正在进行项目推介、拓展的渝北区、九龙坡和北部新区。已参与项目的消费者 200 人，调研地点选择了项目开展较早的南岸区、渝中区和渝北区。

3. 调研结果分析

（1）加盟商户的反馈：第一，根据统计，74.5% 的加盟商户开通消费养老保险卡结算业务的时间在半年以内，其余 25.5% 的商户开通半年至一年的时间。总体来看，商户加盟时间较短，这与该项目在重庆市正式启动的时间不长有关。从商户获取到该项目渠道看，86% 的商户都是通过参加金拐杖公司服务中心分片区的推广会或者服务中心工作人员上门面对面的推广而知晓的，14% 的商户是收看了中央电视台第 13 频道的新闻报道和重庆卫视新财经频道的消费养老保险专栏节目而获知。该项目的宣传没有通过网络、报纸等渠道进行介绍，凸显出宣传渠道的单一性，主要包括两个问题：首先，面对面的推广虽然能够使服务人员针对商户的不同问题提供个性化的服务，但耗费大量的人力、物力和时间成本，推进速度缓慢。其次，对商户而言，项目本身包含的是全新的商业模式，存在对项目组织者的信任危机，点对点推广欠缺说服力，不能够有效提高项目的公信力。

第二，在使用消费养老保险卡进行结算的过程中，85% 的加盟商家选择了自开通结算以来还没有顾客使用过，15% 的加盟商家选择了 30% 以下顾客使用消费养老保险卡结算。卡片的普及率和使用率较低既与组织者向消费者灌输"依靠消费积攒保险金"的力度不强、范围不大有关，也与已办卡的客户存在信息不对称，没有渠道获知有哪些商户是消费养老保险项目的定点商户有关联，这也在统计数据中得到了佐证：接近 100% 的商户反映组织者缺乏完善的宣传机制让持卡人知晓消费养老保险定点单位的名录。

第三，在加盟商户给予的积分兑换比例来看，由于兑换比例与产品的销售毛利率有关，体现出鲜明的行业差异性，因此调研组对统计数据按照行业进行统计、计算，经过算术平均后的结果见图5-4。

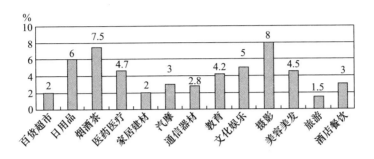

图5-4 各行业加盟商户的积分兑换比例

从积分兑换比例看，摄影、烟酒茶和日用品（特别是其中的服装、眼镜类）加盟商户给予的兑换比例最高，这与行业产品零售价高、毛利率高有关。相对而言，近年来，受行业内竞争、店铺租金和人工成本升高的影响，百货超市、家居建材、旅游（旅行社中介服务）等行业的平均利润率下滑较快，因此，这类行业加盟商的积分兑换比例相对较低。

第四，95%以上的加盟商户对项目配备的硬件设备质量和对账结果传递的及时性表示满意，但是他们集中反映了在成为消费养老保险项目的定点单位以后，并没有享受到政策扶持、优惠或后续的培训服务等。

第五，在选择是否成为项目的发卡商方面，只有11%的商户加盟成为发卡商，加盟比例较少主要是由于组织者没有准确地描述成为发卡商的好处有哪些。从发卡的效果来看，并没有消费者愿意从加盟商处购买消费养老保险卡，这主要归结为消费者认为从加盟商处购买的可信度不高，担心存在风险。

（2）消费者的反馈：第一，在随机抽样调查200人中，听说过消费养老保险项目的人群比例为15%，年龄集中在50—60岁，他们都是从电视节目上或者所在片区的服务中心工作人员处知道的。

值得注意的是，项目针对的中青年目标人群中只有不到 10% 的人知晓本项目，这说明该项目的宣传方式和目标群体的日常习惯存在较大分歧，因为中青年群体了解时事新闻的途径更多地通过互联网和移动互联网，看电视的频率和时间相较以前都大幅缩短了。

第二，调研组在对潜在参与群体的调研中，分别对愿意参与的人群和放弃参与的人群进行了访谈。从选择参与的人群来看，18—25 岁的人群仅占 6%，超过 80% 的人群年龄集中在 25—50 岁，这说明该项目对于已经参加工作 3 年以上，具有一定社会阅历和生活体验的人群吸引力最大，这部分人群对未来养老的危机感较强，有迫切的要求寻求多样化的养老金来源。

通过与放弃参与项目人群的交流来看，他们对于项目存在的疑惑主要集中在以下几个方面：首先，项目是否有充分的可信度，是否得到政府的认可和政策的支持。其次，通过保险公司来保持养老金的保值和增值，投资收益率是否有保证，投资亏损的可能性有多大。最后，直到退休时才能领取养老金，相隔时间较长，伴随通货膨胀的影响，直到退休时点，养老金的实际购买力能够维持在什么水平。

第三，从已参与项目的消费者反馈来看，92% 的消费者认为消费养老保险卡的操作比较便利，跟银行卡刷卡一样，可以随时获取交易的详细信息。但也有接近 90% 的消费者建议如果能够方便、快速查询到各个加盟商家给予的积分兑换比例，这样在选择商家进行消费时就可以掌握更多的信息。87% 的消费者认为如果需要适时查询个人养老金账户中积累的金额，现有的程序比较繁杂，如果能像登录网上银行一样方便查询，那么对于了解投资收益的情况就更清楚便捷了。对于退休时才能够领取养老金的问题，10% 的消费者不在乎，但有 90% 的消费者都提到如果能像使用余额宝一样根据需要随时支取，就更灵活方便了。

三　消费养老保险运行模式存在的问题

结合调查问卷和访谈的反馈，重庆地区消费养老保险运行模式中存在的几个关键问题归纳如下。

（一）传统"养儿防老"的观念形成挑战

我国传统的养老模式深受"孝文化"和"养儿防老"思想的双重影响，无论是在城市还是在农村地区，"养儿防老"的模式仍然受到大部分老年群体的推崇。但是，伴随着市场经济发展的速度加快，社会竞争不断加剧，家庭成员数量、家庭结构也发生了巨大的变化，使"养儿防老"的传统模式受到了极大的挑战，恐难以为继。这一方面是由于部分子女在赡养老人方面的责任感较弱，不能为年老的父母提供必要的生活照料，严重地影响了这部分老人退休后的生活质量。另一方面，伴随着计划生育政策的实施、人均寿命的延长，作为计划生育政策实施初期的第一批独生子女逐渐步入了婚育年龄，他们既要担当社会主义建设事业的主力军，还要肩负起持家养老的重任，面临双重压力，其赡养父母将面对的困难是不言而喻的。这种以"四二一"为典型特征的家庭结构占据了家庭内部结构的主流，意味着一对年轻夫妇不仅需要为自己的正常生活提供充分的物质保障，还要承担赡养四位老人、抚养一到两名孩子的责任，精神上和经济上都承受着巨大的压力，因此，这也从客观方面造成了家庭养老的功能持续弱化。此外，随着经济生活水平的不断提高和医疗技术精进发展，人类寿命正在不断延长，有数据显示，到2050年，每100名年轻人负担的老人数将达到49人。[①] 因此，依靠传统的"养儿防老"的家庭养老模式已经无法承受愈加严峻的老龄化趋势。

即使"养儿防老"模式受到挑战，但传统的勤俭节约习惯一直深深地影响着国人的消费习惯，俗话说"但存方寸地，留与子孙耕"，大多数国人仍然秉持着勤俭持家的传统美德，认为在年轻时省吃俭用、努力拼搏，为子女积累丰厚的物质财富，去世后将财产留给子女被认为是理所当然的。因此受到传统的遗产分配观念影响，父母一般不会接受这种新型的方式，而基于传统的养儿防老的

---

① 何松：《"以房养老"之选择——住房反向抵押贷款探析》，硕士学位论文，北京交通大学，2010年。

观念，仍然会选择将财产过继给子女，因此在选择养老模式的过程中仍然倾向于家庭养老方式，对于一些新型养老模式的接纳度较低。吴清在针对消费养老这种新型养老方式的社会认知程度的问卷调查中，有338人（47.67%）认为消费养老方式具有可行性，但表示目前不打算参加；有149人（21.02%）认为消费养老方式不具有可行性。其中，消费养老方式的安全性问题及遗产观念是影响选择这种养老方式的最主要因素。我国居民消费养老模式的接受还需要一个漫长的过程。[①]

（二）项目运营方的成熟度和专业性不足

虽然在国外，有一些与消费养老保险项目相近理念的项目取得了成功运行的经验，但由于养老问题的地域性差异显著，我国居民在消费习惯、文化经济水平以及养老模式的选择方面与国外居民存在较大的差异性，同时，我国养老金体系的完整性和保障程度相较西方国家存在一定的差距，所以在消费养老保险项目的运行模式设计中，不能简单地照搬、套用国外的做法，应该充分结合我国的具体国情开展研究。目前，消费养老保险项目的开展在国内外尚没有成功或者成熟的经验可以借鉴，特别在由什么机构来负责运行消费养老保险项目，是由政府来主持？还是由市场中的民营机构来主持？采用公办民营？这样的机构需要如何规划日常的运营管理工作，保障消费养老保险项目的顺利运营？

消费养老保险项目的参与主体比较多，这意味着参与主体的发展阶段和运行成熟程度也对项目的运行产生直接的影响。同时围绕多个参与主体，也需要有一个成熟的项目运营方能够对项目运行流程进行梳理，对加盟商家的准入制度进行设计和制定。这不仅对运营方组织领导的专业度提出了较高的要求，对从业人员的素质要求也比较严格，因此，对于消费养老模式下如何制定统一的行业管理办法与规范、梳理监管有效的评估程序，亟待执行。特别地，在一

---

① 吴清：《基于李克特量表的消费养老方式认知度调查》，《技术与市场》2013年第8期。

些操作细节上，由于缺乏经验数据和规范模式的参考，往往容易出现在执业过程中独立、客观、公正性受到动摇。同时，运营机构收费模式的设计、管理费的计提比例等方面也存在一系列的问题，例如，在制定消费积分返点比率的设计上，目前针对养老金积分率还没有设立一个合理的参考标准，由企业随意而定，然而，企业给出的返利比率过高则影响企业自身的发展，过低则影响消费者参与的积极性，由于缺乏行业标尺，这对企业在设定比率数值时造成了较多困扰；同时，运营机构根据返点金额，从中抽取50%作为管理费，对这样的收费标准是否合理、依据何在等问题都缺乏约束力和把控。再加上我国社会化养老市场发展比较缓慢，长期存在从业人员素质不均、养老机构资质混乱、机构运作规程不规范、操作程序与收费不合理等问题，这些都对运营主体开展正常的经营管理工作造成了困难。因此，在现阶段，运营主体只能够在有限的项目实际操作经验中，"摸着石头过河"，尽可能地在细节设计方面多听取科研院所、养老机构实践领域专家的意见和建议，形成一套规范、可落地操作的运行方案。

（三）国家政策支持力度不够

从消费养老保险项目的运行过程来看，由于涉及消费、金融、保险等多个板块，这就意味着参与的主体众多，牵扯了较为复杂的主体间利益关系。目前，消费养老保险项目主要以民间投资主体为发起方，在项目实施的过程中屡屡受到加盟商家、消费者的质疑，其中最重要的原因可以归结为该模式并没有在国家层面得到相关政策法规的正式批准。虽然国家也没有明令予以禁止，但毕竟仍处于政策出台的"中空期"，这对于给予消费养老保险认可度、激励消费者、加盟商户积极参与设置了较大的障碍。

消费养老保险模式从本质上来看，是一种准公共产品，是具有有限的非竞争性或有限的非排他性的公共产品，介于公共产品和私人产品之间，它的运行不能完全依靠市场力量来主导、由市场来引导各项资源的调度和分配。因此，消费养老保险模式的推行不是单纯依靠某些企业的自发行为就能够顺利运行下去的。其准公共产品的属性就意味着，如果要充分体现出该模式的公益价值，达到消费者、企业、国家"三方共赢"的局面，就势必需要引起国家和相关政府部门的关注，并采取一系列积极举措给予其充分的政策保障。这说明，消费养老保险模式的运营方一方面要扩大该项目在社会上的影响力，引起更多社会公众的共鸣；另一方面，也应该积极寻求国家在政策方面的明确表态或者支持。如果不能取得国家政策层面的许可和批准，在开展项目的推广过程中必将引起消费者的顾虑，担心参与项目过程中可能面临的商家诚信风险、资金安全风险等。在颁布相关政策的同时，针对消费养老保险项目实施中的环节，也亟待通过配套法律制度的出台来约束加盟商家的行为，切实保障消费者的利益，例如，建立消费养老保险项目的市场准入机制，针对商家欺瞒、欺诈等行为给予行政甚至刑事处罚，进而为消费养老保险项目长期、可持续的发展创造条件，以此来确保该项目在利国利民的道路上健康发展，而不只是仅满足企业的发展目标。①

（四）项目宣传途径单一

首先，重庆市金拐杖养老有限公司向潜在商户的宣传模式单一、宣传效率不高。根据调研，虽然公司在营业以来的一年内与两千余家商户签订了项目加盟协议，但由于受到宣传途径单一化和"点对点"谈判效率低下的影响，市场拓展的效果不明显、推广中面临着重重阻力。

目前的宣传途径还是依靠以重庆地方电视台、当地报纸等传统媒介推广项目，但由于传统广告媒介的收费较高，为了有效控制项目的推广成本和费用，导致宣传载体的覆盖率不高、播放频次较低，受众面较窄。从加盟商户的占比来看，通过从以上传统宣传媒介获取消费养老保险项目的信息，与公司签约合作的，占极少数，这说明现有的宣传途径发挥的传播效应是不足的，如何改善传统宣传手段值得研究。相应地，大部分加盟商户都是通过金拐杖公司招募的兼职人员每天不间断地"跑市场"、"谈商家"，以"面对面"

---

① 唐旭：《浅谈消费养老》，《企业导报》2012 年第 3 期。

推介、洽谈的方式获取的，这种方式需要耗费大量的人力、精力和物力去解释项目内容和合作细节，根据向公司市场部经理访谈获取的信息，由于该项目在取得政府层面的官方支持力度不够，造成在商谈过程中需要推广人员就项目的可信度、真实性耗费较多的时间进行解释，在取得商家的信任后，才能就项目细节展开介绍，最后完成合约的签订，将加盟商家作为消费养老保险项目的定点消费单位。整个推广过程持续时间比较长，同时由于对兼职推广人员培训程度不够，也由于推广过程中潜在客户对推广人员的职业能力产生疑问，造成一部分潜在加盟商户的流失。

　　其次，重庆市金拐杖养老有限公司对消费者没有形成系统的营销方案。第一，公司向消费者推广消费养老保险项目的方式是以分片区定期开展项目讲座、定期办卡的方式进行的。通过调研发现，开展项目讲座的时间都是在工作日进行，现场参与讲座的人群都以退休人群为主，这类人群的消费能力较弱，加上年纪偏大，消费养老保险项目投资收益的复利累积效应在这类人群中体现得不充分，这种宣传方式与以中青年为目标客户群体的定位出现了错配。第二，对于参与了消费养老保险项目的消费者，公司缺乏持续性、多元化的客户关系维护，仅仅是在办理消费养老卡时，附赠一本"重庆消费养老证"，这本证里有消费养老卡的使用说明及所有定点消费商家的地址和联系电话。根据对实际已经开始使用消费养老卡的客户进行调研，得到反馈，这本消费养老证使用起来造成极大不便，一方面是因为携带麻烦、容易遗忘；另一方面，由于办卡过程中公司对如何用卡的解释力度不够，例如，公司在消费养老卡的右下角标注了二维码，消费者通过扫描二维码就可以浏览到附近的定点消费单位，但大部分消费者不知道如何操作二维码，或者没有留意到二维码，极大地降低了消费者在用卡中的满意度。第三，虽然公司在所有定点消费商家的门面上都粘贴了"消费养老"的特殊标志，但标志不显眼，在不注意观察的情况下，不容易发现，所以导致许多消费者即使办理了消费养老卡，因找不到定点消费单位而一直没使用。

从以上研究中，反映出两个方面的问题：第一，重庆市消费养老保险项目的宣传力度不够、宣传手段与目标客户群体的契合度有待进一步提升，主要反映在应充分考虑这类群体当前获取信息的主要渠道，在宣传模式上应顾及其偏好、投其所好。第二，从加盟商户、消费者的反映来看，对这一新型养老保险模式还是受到认可和欢迎的，特别是一些敢于尝试新鲜事物的年轻人，对项目表现出更加强烈的兴趣。因此。一方面，运营单位要确保定点消费单位的数量持续增加、提高消费者对其从外形特征上的易辨识性；另一方面，通过多元化手段，加大对该项目的宣传、提高传播的覆盖率和深入度，增强人们对"消费养老保险"项目的认知度，同时设立更多的办卡单位，方便消费者办卡。

（五）消费渠道匮乏

首先，具有品牌号召力的企业参与程度较弱。商品供给规模是由居民消费水平和需求特征所决定的。从现有消费养老保险项目覆盖的商业领域看，虽然包含了旅游酒店、餐饮、美容等 13 个行业，行业参与的覆盖面较广，但居民日常消费频率较高的零售百货、医药等行业的参与度较低，同时参与企业规模以中小企业为主，个体工商户在其中的占比较大，而大型、具有较强品牌号召力的大型企业基本没有参与。根据消费者购买决策理论，"消费者购买决策"是指消费者谨慎地评价某一产品、品牌或服务的属性并进行选择、购买能满足某一特定需要的产品的过程。消费者购买决策受到产品质量安全、消费者购买习惯、消费者收入水平、消费者年龄阶段、消费者家庭及周围亲戚朋友、社会消费文化、社会供给的制约、交通物流、门店消费环境、产品销售情况、售后等因素影响。目前，中国已迈入品牌经济时代，同时，也面临着产品的高度同质化，消费者在选择商家的过程中，在重视产品质量、创新性开发程度的同时也将品牌视作选择的度量衡，一般而言，消费者对于大品牌商品的忠诚度较高，重复购买的数量和质量发生频次高，保持着对特定品牌的持续偏好。由于消费者对中小企业产品的品牌认知度不足，购买频率、金额都相对较低，因此由消费养老保险项目带动消费规模的增长效果尚不明显。

其次，消费渠道单一。现有的消费养老保险运行模式中，居民只能在参与消费养老保险项目商家的实体店消费后才能获取积分，除了餐饮、文化娱乐和教育行业等只能通过消费者在实体店的亲身感受、体验后才能完成消费过程外，其余行业的实体店经营都面临着电商平台同类企业的竞争和冲击。近年来，电子商务因其独特的跨时空的便利、低廉的成本和广泛的传播性得到了快速的发展，网上商城正逐步吞噬传统实体百货企业的利益。随着电子商务在日常生活中的日益渗透，越来越多的消费者，特别是中青年消费群体，消费习惯发生了较大变化，逐渐从传统的实体店消费转移到电商平台消费，而且规模急剧增加；同时，电商平台的便捷性突出、辐射效应大、消费信息反馈及时，电商平台消费已经成为未来的主流消费渠道。如果不能将消费养老保险模式与 B2C 商业模式相结合，将开设网店的商户也纳入该项目的加盟商家，消费养老保险项目的发展规模和传播效应将受到明显的制约。

（六）交易双方信息不对称

信息不对称是指在市场经济活动中，各类人员对有关信息的了解是有差异的；掌握信息比较充分的人员，往往处于比较有利的地位，而信息贫乏的人员，则处于比较不利的地位。该理论认为：市场中卖方比买方更了解有关商品的各种信息；掌握更多信息的一方可以通过向信息贫乏的一方传递可靠信息而在市场中获益；买卖双方中拥有信息较少的一方会努力从另一方获取信息；市场信号显示在一定程度上可以弥补信息不对称的问题。

消费养老保险的产生起源于企业、商家将消费视为一种资本，把消费者的消费看作对本企业、商家的投资，以积分反馈形式给予消费者投资的回报。但是经营过程中，企业、商家都是以利润最大化为目的，在加盟消费养老保险模式后，到底是将现有的利润份额中分割一部分真正让渡给了消费者，还是采用"羊毛出在羊身上"的做法，提高产品售价后，再在此基础上赠与消费者一定比例的积分，将消费积分对应的成本转嫁给了消费者，保全了企业应得的利润，是不清楚、不知晓的。如果选择了后者，意味着消费者既不能得到由于消费资本的投资回报，反而承受了产品更高的售价，会造成消费者积分的含金量大打折扣。

现有的消费养老保险模式中，虽然为消费者提供了参与消费养老保险项目的加盟商家名录，但从名录中展示的信息来看，也仅仅是对商家名称、地址进行描述，也只能单方面地对加盟商家起到推广、宣传作用；而对于一名理性消费者，在作出消费抉择之前，还需要对同行业不同商家提供的产品品种、规格、价格、积分兑换比例信息进行横向比较。如果这些详细的信息没有在一个统一的公共平台上展示，消费者将成为信息交易双方信息不对称过程中的弱势群体，被动选择、被动消费。

根据对重庆金拐杖养老服务有限公司的工作人员访谈获悉，"在加盟商家或企业与公司签订的合约中，有一项条款对上述问题进行了界定，即定点消费单位的所有商品和服务的价格要与市场均价相符合，如果消费单位其间有优惠活动（打折、促销），消费养老卡持有者在享受优惠的同时仍然可以获得积分返利（部分特价商品除外）。如果出现商家变相涨价的情况且有消费者举报，经调查情况属实，公司将与商家协商解决。目前公司还没有遇到消费者举报的案例，应该不会存在这种情况。"

从这项规定中，折射出该模式在运行过程中存在的几方面问题：首先，条款里指出"定点消费单位的所有商品和服务的价格与市场均价相符合"，这里的"市场均价"是什么？从哪里可以可靠地获取关于特定种类的商品的"市场均价"？市场均价作为一个区间值，并不是确定的金额，由哪里的第三方主体对价格的公允性进行监督、确认？如果没有这样的第三方主体，消费者在购买过程中，耗费大量的时间成本进行货比三家是不现实的，这就为商家采用变相涨价、"暗箱"操作价格的制定提供了空间。其次，消费者投诉、维权渠道的缺乏助长了商家利益侵害事件的发生。当前，我国消费者在维权方面的意识还不够强，加上这类问题的发生并不属于消费者协会等官方组织的工作范围，在公司内部也没有设立专门的维权事件处理部门为消费者提供一条快速、迅捷处理问题的通路，能够显著地节约消费者的维权时间和精力，提高对消费者的保护能力。因此，就这类问题，消费者投诉、维权无路可循，久而久之，就会增加消费者在参与消费养老保险模式中的不满和积怨，不利于该模式的可持续、健康发展。最后，没有惩罚就没有威慑，合约里并没有明文规定一旦出现了商家变相涨价行为，应给予其什么方式、什么程度的处罚，只提出了"协商解决"这一项措施，和谁协商、谁来主持协商过程等也都没有再做更细致的规定。这显然对于商家的威慑力、约束力是极低的。那么，要规避、减轻此类风险的发生，仅仅由商家依靠道德和良知来约束自己的行为是不可维系的，也助长了加盟商家的"道德风险"。基于上述分析可以看出，现有项目对于如何通过一套系统化的制度来约束商家的"道德风险"、切实维护消费者利益，意识水平还不够，考虑得还不够充分。

（七）加盟商户参与的积极性不足

加盟商户的不断增加是消费养老保险项目可持续、健康发展的关键，如何有效激励更多的加盟商户参与到项目中是政策制定者应当思考的命题。目前，组织者在推广项目时多以"做慈善"为由激发商户参与热情。但长期来看，商户都是以扩大销售规模、提高盈利水平为最终目的的实体，会理性地评判参与过程中直接受益大小，从而决定其是否持续参与。在现有的消费养老保险模式中，企业一方面没有从项目参与中通过获得预期的宣传广告效应从而提升销售额；另一方面取得的消费信息反馈也是间断的、零星的，对于如何科学、有针对性地调整产品结构、增加盈利空间并无直接指导意义。此外，从政府对项目的扶持政策看，细节性强、切实落地的条款较为缺乏，尤其表现为对参与企业的激励政策缺位。另外，对加盟商户赠予消费积分的会计核算、所得税纳税申报中的处理细节也暂时没有颁布统一、标准的操作办法。

因此，从以上分析看，消费渠道匮乏、交易双方信息不对称以及加盟商户参与的积极性不足等方面存在的问题，对未来消费养老保险在更大范围内推广，增进发展规模、增强消费者满意度、提高企业参与的可持续性等方面形成制约。

（八）积分返利的比例缺乏统一标准

从目前的运营情况来看，重庆金拐杖养老服务公司在与加盟商家签订协议时，没有根据各行业平均利润率的差异，提供一套可供参考的返利比率参考标准，这种情况下，由于缺乏统一的规范，就为加盟商家制定标准带来一定的困扰。根据统计显示重庆市定点消费单位的养老基金积分返利比例情况如表 5 - 1 所示。

表 5 - 1　　　　重庆市定点消费单位的养老基金积分返利比例

序号	商家分类	数量	积分返利比例
1	餐饮美食	86	2%—15%
2	生活超市	96	1%—30%
3	汽车相关	12	2%—10%
4	美容美发	66	2%—20%
5	酒店宾馆	14	2%—12%
6	家居装饰	40	1%—10%
7	电器数码	32	1%—15%
8	文化教育	12	2%—10%
9	婚庆摄影	29	2%—15%
10	医疗卫生	28	2%—12%
11	服饰鞋帽	54	2%—10%
12	综合服务	46	2%—10%
13	母婴孕童	8	2%—15%
14	鲜花礼品	14	1%—20%
15	珠宝配饰	14	2%—20%
16	休闲娱乐	15	2%—15%

注：连锁店在统计时只算作 1 家企业，部分特价商品不享受积分。

从表 5 - 1 中可以看出，定点消费单位在制定积分返利比例时由于缺乏参考，主观性较强，即使是同一个行业内的不同商家，给予消费者的积分返利比例的区间跨度也很大。根据对定点消费单位的实地调研发现，多数商家反映出在制定过程中的困难主要体现在如果将积分率设定过高会大幅降低利润率水平，设定太低又会降低消费者的参保积极性。因此，本书认为积分返利比例不能由商家随意而定，要寻找消费者和企业之间收益率的平衡点，运营单位在充分调研不同行业特点的前提下，可以根据商家类别、规模和营业情况设定一个参考比例，以供商家参考。

（九）消费养老保险账户资金的监管方式不清晰

首先，与社会养老保险个人账户的运行机理相似，通过长期的积累，消费养老模式下设立的个人账户中会逐渐形成一笔庞大的资金，该笔资金的安全性如何？是否可以得到保障？确保这笔资金不被挪为他用或不被侵占，已经成为消费养老模式下资金管理的核心问题。因此，个人账户资金安全性的问题也成为影响消费养老保险模式发展最重要的问题。其次，消费养老保险个人账户资金的所有权属于参保的消费者，是独立于企业的，因此企业不能将这部分资金用来扩大再生产，同时，企业也不具备在金融市场运作这笔庞大资金的能力。通常情况下企业是将个人账户积累资金交付给国家政策支持的保险机构或者信托机构运营，运营机构将个人账户资金投入金融市场来实现保值增值。

现有的消费养老保险模式中，指明开具消费养老卡的消费者将拥有一个开立的养老金账户，该账户里累积的资金将用于购买养老保险，因此个人账户中的资金是否可以按照一定的市场收益率实现保值增值问题关系到消费者的直接经济利益，也影响到消费养老保险模式的可持续性发展。目前，由于消费养老保险模式尚未取得政府层面下达的关于开展广泛推广的批准，对于这部分通过企业让渡一部分利润形成的资金，金融监管部门对资金的监管活动面临暂时缺位。而且我国对消费养老保险个人账户资金的管理，在金融业的准入制度以及投资方向的规定方面尚未形成明确的制度规定，同时，我国资本市场的发展历史还比较短，金融资产的价格波动幅度较大，金融市场的抗风险能力较弱，那么能否实现个人账户资金的保值增值就成了未知数。个人账户资金的保值增值问题既是个人账户资金的核心问题，也是影响消费养老的关键问题。如果不能实现个人账户保值增值，那么就不能保证消费养老保险制度当初应允的收益率，或者导致消费养老保险金收支不平衡。同时消费养老保险模式是由企业主导，没有一个强大的后盾兜底，便可能产生支付风险，甚至导致消费养老保险系统的崩溃。目前，没有对消费养老保险个人账户资金进行监管的第三方机构，也没有对消费养老个人账户信息公开的相关规定，那么，就不能保证消费养老个人账户资金管理和运作的规范性。[①]

相比其他类型的金融产品，养老金具有投资周期长、投资回报稳定性强等特点，各国养老金发展的历史经验表明，对养老金采取必要的监管模式是促进其稳定、可持续性发展的必要手段和根本性保障。通过必要监管模式的实施，既能为被保险人和养老金持有人的利益提供一道坚固的屏障，也能使各养老金的日常经营管理活动有据可依，在规范的通道中稳健运营。根据对消费养老保险的消费者的调查，一部分消费者对于养老金在运行中资金是否能够得到安全保障表示疑惑；还有一部分消费者认为，这部分资金用于哪些投资方向，投资组合如何构建，是否能够取得及时的信息披露，确保养老金的保值增值方式应该给予投保人充分、详细的说明。

从我国目前的法制环境、资本市场成熟度、养老金治理结构、投资监管体系以及信息披露制度建立的情况来看，是否应该考虑对这部分资金采取"谨慎人规则"和"数量限制监管"两种模式相结合的方式，促进养老金稳定、持续增长？并为被保险人和养老金持有人的利益提供充分保障？"谨慎人规则"模式是指监管当局对投资资产组合类别和投资比例不做具体的限制性规定，由受托人按照信托法中的"谨慎人规则"要求，勤勉、尽责地进行管理的一种监管模式。作为一种养老金投资监管模式，"谨慎人规则"模式是由管理人的谨慎规范技能标准、分散化原则、忠诚义务、禁止自我交

---

① 唐旭：《浅谈消费养老》，《企业导报》2012 年第 3 期。

易等几个基本的义务和原则组成的综合、具体的法律规则体系。①
数量限制监管是指通过设定数量标准对养老金的投资管理进行规
划，即通过列举的方式规定养老金可以投资的资产类别并对其投资
各类资产的比例设定明确的数量限制，达到控制投资风险目的的一
种监管模式。其主要特点是集中于对投资的资产类别和各类别的投
资比例进行直接的数量限制；对股票、风险资产、实物资产以及外
国资产等"风险资产"实行数量限制；对单个金融工具的投资进行
限制，不允许投资的自由选择。

---

　　① 郑木清：《养老基金投资监管立法研究》，中国法制出版社 2005 年版，第 59—62
页。

第六章　消费养老保险模式在
四川地区的构建研究

第一节　必要性

一　定性分析

基本养老保险、企业年金和商业养老保险共同构成了我国养老保险体系的"三支柱"。其中，基本养老保险成为我国居民退休养老福利的第一重保障。根据 2005 年《国务院关于完善企业职工基本养老保险制度的规定》，从 2006 年 1 月 1 日起，企业缴纳基本养老保险费为企业总工资的 20%，个人缴纳基本养老保险费为本人工资的 8%，企业缴费部分全部划入社会统筹基金，个人缴费部分划入个人账户基金。

当前四川省居民养老金的主要来源是基本养老保险，基本养老保险的特征是"低水平、广覆盖"。[①] 四川是我国人口大省，截至 2010 年年底，65 岁以上老年人口达 880.75 万人，居全国第二位[②]，预计到 2020 年，全省老年人口将超过 1637 万，在总人口中的占比达到 17.8%。然而，四川省的经济发展和人均收入水平位居全国中

---

① "低水平"指的是基本养老保险只能保持人们退休后的基本生活水平，替代率较低；"广覆盖"指的是基本养老保险涉及的人群范围广泛。

② 资料来源：《第六次全国人口普查主要数据发布》，中华人民共和国国家统计局网站，http://www.stats.gov.cn/tjfx/jdfx/t20110428_402722238.htm，2016 年 1 月 6 日。

下游，伴随企业离退休人员数量的激增，养老金支付压力同步增长。因此，老龄人口多、收入水平低的基本省情使四川在全国范围内成为面临养老金筹集压力的典型省份，仅依靠基本养老保险无法保障居民退休后的生活质量；而作为"三支柱"养老金体系中的企业年金，也由于国家给予的税收优惠政策不明晰、支持力度较弱，导致企业的经济负担较重、参与积极性不足。目前，年金制度主要在石油、电力、金融等垄断型国企中实施，覆盖人群有限，截至2013 年的统计数据显示，为职工设立年金的企业比例不足 0.5%，在参与城镇职工基本养老保险人数中，享受年金计划的企业职工占比仅有 7%。个人商业养老保险也存在投保成本高、预期风险大等问题，对中低收入人群的参与保险形成了障碍。以上问题均显现出四川省加快个人储蓄型养老保险业务发展的迫切性，亟待通过多元化手段加强养老金来源渠道的建设。

二 定量分析——四川省基本养老金缺口测算

（一）文献研究综述

自我国 1997 年实行"统账结合"部分积累制以来，王焕清（2012）等专家学者将建立在这种模式上运行的养老金缺口定义为隐性养老总债务、隐性养老净债务、专制成本和个人账户空账四种形式。吕志勇、王霞、张良（2008）以养老金收支平衡为因变量，在目标期间内建立了其与隐性债务、就业年龄、缴费年限、退休年龄、养老金替代率、工资增长率、基金收益率等自变量之间的关系。陆安（2010）、骆正清（2010）等对我国养老基金收支进行了预测，所使用的预测方法主要采用精算方法，结论存在较大差异，这主要归结于精算预测模型中的参数受宏观经济和金融环境的影响较大，同时模型的假设条件及适用范围存在局限性。赵斌、原浩爽（2013）预测，到 2013 年，中国养老金的缺口将达到 18.3 万亿元。针对缺口的弥补问题，我国目前提出的应对方案集中在延迟退休年龄、鼓励养老金入市方面，但蔺丰奇（2013）认为，这会不利于人力资源的更新、降低退休者的生活质量；同时，刘植荣（2012）提出投资主体的不明晰、资本市场的安全性对养老金能否保值增值也是考验；胡宏伟、郭牧琦、陆耀明、魏炜（2010）提出加快商业养老保险、完善基本养老保险、加强养老保险法规体系建设等措施。

（二）模型建立的基本假设条件

假设1：养老金收入只考虑实际征缴收入，不考虑中央财政转移支付和各级地方财政补贴（企业）。

假设2：养老金收入全部用于参保退休职工养老金的发放，不考虑管理费支出。

假设3：参保在职职工和养老金发放人员只考虑基本养老保险覆盖范围内的各类企业职工和个体劳动者，不考虑机关以及事业单位人员。

假设4：研究的目标期间为9年。

假设5：基本养老金征缴率采用2000—2011年平均值。

（三）模型的建立

首先，对养老金收入建立模型。由于企业职工基本养老保险的缴费基数是以上一年度全省城镇非私营单位在岗职工年平均工资确定的，因此第 k 年的养老金收入为：

$$I_k = I_k(S_{k-1}, A_k, B_k, P_k) = S_{k-1} \times A_k \times B_k \times P_k \qquad (6-1)$$

其中，I_k 为第 k 年基本养老金收入，S_{k-1} 为第 $k-1$ 年城镇非私营单位在岗职工年平均工资，A_k 为第 k 年基本养老金征缴率，B_k 为第 k 年基本养老保险缴费率，P_k 为第 k 年参保在职职工人数。

其次，对养老金支出建立模型。第 k 年的养老金支出为：

$$E_k = E_k(e_k, N_k) = e_k \times N_k \times 12 \qquad (6-2)$$

其中，E_k 为第 k 年基本养老金支出，e_k 为第 k 年月平均基本养老金人均支出，N_k 为第 k 年基本养老金发放人数。

最后，第 k 年的养老金缺口为：

$$G_k = I_k(S_{k-1}, A_k, B_k, P_k) - E_k(e_k, N_k)$$
$$= S_k \times A_k \times B_k \times P_k - e_k \times N_k \qquad (6-3)$$

根据式（6-3），未来各年的养老金缺口的测算需要对自变量 S_k、P_k、e_k、N_k 分别进行预测。

（四）模型自变量的灰色预测

模型建立的理论依据是灰色系统理论。[①] 它以"部分信息已知、部分信息未知"的"小样本"、"贫信息"不确定系统为研究对象，通过对"部分"已知信息的生成、开发，提取有价值的信息，实现对系统运行行为、演化规律的正确描述和有效监控。灰色系统理论的核心是 GM（1，1）模型及其扩展形式，它表示的是含有一个变量的一阶微分方程模型。

预测步骤如下：

步骤一：对自变量 2000—2011 年的原始数据建立非负序列 $X^{(0)}$。

$$X^{(0)} = [x^{(0)}(1)，x^{(0)}(2)，\cdots，x^{(0)}(12)] \tag{6-4}$$

步骤二：对 $X^{(0)}$ 进行一次累加生成，得到序列 $X^{(1)}$ 并检验其是否具有准指数规律。

$$\sigma^{(1)}(k) = \frac{x^{(1)}(k)}{x^{(1)}(k-1)}，k = 2，3，\cdots，12 \tag{6-5}$$

如果 $\sigma^{(1)}(k) \in [1，1.5]$，则 $X^{(1)}$ 具有准指数规律，可以建立 GM（1，1）模型。

步骤三：建立背景值序列 $Z^{(1)}(k)$。

$$Z^{(1)}(k) = \frac{1}{2}[x^{(1)}(k) + x^{(1)}(k-1)] \tag{6-6}$$

$k = 2，3，\cdots，12$

步骤四：建立矩阵 Y 和 B，求解参数 a、b。

$$Y = \begin{bmatrix} x^{(0)}(2) \\ x^{(0)}(3) \\ \vdots \\ x^{(0)}(12) \end{bmatrix} B = \begin{bmatrix} -Z^{(1)}(2) & 1 \\ -Z^{(1)}(3) & 1 \\ \vdots & \vdots \\ -Z^{(1)}(12) & 1 \end{bmatrix} \tag{6-7}$$

$$\overset{\Lambda}{R} = [a，b]^T = (B^T B)^{-1} B^T Y \tag{6-8}$$

---

① 我国学者邓聚龙于 1982 年创立灰色系统理论，作为一种研究少数据、贫信息不确定性问题的新方法。

步骤五：对序列 $X^{(1)}$ 建立预测公式得到序列 $\overset{\Lambda}{x}{}^{(1)}$（$k$）。

$$\overset{\Lambda}{x}{}^{(1)}(k) = \left(x^{(1)}(1) - \frac{b}{a}\right)e^{-a(k-1)} + \frac{b}{a}, \quad k = 2, 3, \cdots, 12 \quad (6-9)$$

步骤六：对序列 $\overset{\Lambda}{x}{}^{(1)}$（$k$）进行累减还原得到序列 $\overset{\Lambda}{x}{}^{(0)}$（$k$）。

步骤七：建立相对误差序列 Δ_k 并进行残差检验。

$$\Delta_k = \frac{\left| x^{(0)}(k) - \overset{\Lambda}{x}{}^{(0)}(k) \right|}{x^{(0)}(k)} \quad (6-10)$$

$k = 2, 3, \cdots, 12$

对 Δ_k 求平均相对误差，即模型 GM（1，1）模型的模拟精度 $r = 1 - \overline{\Delta}_k$，当 $r > 90\%$ 时，模型预测精度较好，可用于中长期预测。

（五）模型应用[①]

1. 养老金收入模型自变量的预测

（1）S_{k-1}——四川省城镇非私营单位在岗职工平均工资预测。根据式（6-4）建立 2000—2011 年四川省城镇非私营单位在岗职工平均工资原始数据序列：

$X^{(0)}$ = （694，828，932，1037，1172，1319，1488，1776，2087，2380，2759，3160）

对 $X^{(0)}$ 进行一次累加生成后：

$X^{(1)}$ = （694，1522，2454，3491，4663，5982，7470，9246，11333，13713，16472，19632）

根据式（6-5）对序列 $X^{(1)}$ 进行准指数规律检验，从第四期数据开始，计算结果小于指标值 1.5，$X^{(1)}$ 具有准指数，因此可以建立 GM（1，1）模型。

由式（6-6）建立背景值序列：

$Z^{(1)} = \left[z^{(1)}(2), z^{(1)}(3), \cdots, z^{(1)}(12) \right]$

---

① 采集数据来源于四川省人力资源和社会保障事业发展统计公报，2008 年前称为四川省劳动和社会保障事业发展统计公报。

$$= (1107.7, 1987.4, 2971.7, 4076.0, 5321.4, 6724.7, 8356.5,$$
$$10287.8, 12521.1, 15090.9, 18050.8)$$

根据式（6-7）和式（6-8）得出：

$$\overset{\Lambda}{R} = [a, b]^T = (B^T B)^{-1} B^T Y = \begin{bmatrix} -0.14 \\ 617.36 \end{bmatrix}$$

由于发展系数 $a = -0.14$，其绝对值小于指标值 2，因此 GM（1，1）模型有意义。

根据式（6-9）建立预测公式：$\overset{\Lambda}{x}^{(1)}(k) = \left(x^{(1)}(1) - \dfrac{b}{a} \right) e^{-a(k-1)} + \dfrac{b}{a}$，$k = 2, 3, \cdots, 12$

$$\overset{\Lambda}{x}^{(1)} = (1461, 2343.2, 3358, 4525.2, 5868, 7412.4, 9189, 11232.4,$$
$$13583, 16286.9, 19397)$$

还原后：

$$\overset{\Lambda}{x}^{(0)} = (767, 822.2, 1014.8, 1167.3, 1342.7, 1544.5, 1776.5, 2043.5,$$
$$2350.6, 2703.8, 3110.2)$$

将预测值与实际值相比较，按照式（6-10）进行模型精度检验，由于平均相对误差为 2.52%，精度达到 97.48%，预测模型精度较高；同时系数 a 小于 0.3，可将该模型用作中长期预测。因此，利用上述模型对 2012—2020 年各年四川省企业职工平均工资预测，结果见表 6-1。

表 6-1　2012—2020 年四川城镇非私营单位在岗职工年平均工资预测

单位：元

年份	在岗职工月平均工资	在岗职工年平均工资
2012	3577.5	42930.3
2013	4115.1	49381.7
2014	4733.5	56802.4
2015	5444.9	65338.3

续表

年份	在岗职工月平均工资	在岗职工年平均工资
2016	6263.1	75157
2017	7204.3	86451.1
2018	8286.9	99442.4
2019	9532.2	114386
2020	10964.6	131575

（2）A_k、B_k 的取值。个人、企业缴费合计后的缴费率 A_k 为 28%。[①]

征缴率：企业在缴纳养老保险中隐瞒缴费基数的情况屡见不鲜，根据四川省劳动与社会保障局 2000—2012 年的统计数据，平均征缴率 B_k 为 96.4%。

（3）P_k——四川省参保在职职工人数预测。根据 2000—2011 年四川省参加企业职工基本养老保险的在职职工人数，原始数据序列变化急剧，经测算采用传统的 GM（1，1）模型预测精度较低。对背景值采用以下计算公式进行优化。[②]

$$Z^{(1)}(k) = \frac{x^{(0)}(k)}{\mathrm{Ln}x^{(0)}(k) - \mathrm{Ln}x^{(0)}(k-1)} + \frac{[x^{(0)}(k-1)]^k}{[x^{(0)}(k-1)]^{k-2}[x^{(0)}(k-1) - x^{(0)}(k)]}$$

$$(6-11)$$

$k = 2，3，\cdots，12$

$X^{(0)} = (412.2，409.5，411.2，418，421.9，456.9，493.3，540.9，608.2，680.9，761，897.5)$

一次累加生成序列：

$X^{(1)} = (412.2，821.7，820.7，829.2，839.9，878.8，950.2，1034.2，$

----

① 《国务院关于完善企业职工基本养老保险制度的决定》从 2006 年 1 月 1 日起，企业缴纳基本养老保险费为企业职工工资总额的 20%，个人缴纳基本养老保险费为本人工资的 8%。

② 大量实验数据表明，采用非齐次指数函数来拟合 $X^{(1)}$ 构造的背景值建立的优化模型，比传统的 GM（1，1）模型和其他优化模型的模拟和预测精度都要高。

1149.1，1289.1，1441.9，1658.5）

根据式（6-11），构造背景值序列如下：

$Z^{(1)}$ = （617.2，1022.8，1422.1，1859.6，2035.6，2526.3，2930.3，3273.4，3968.5，4715.2，4625.1）

为了提高模型预测精度，分别选择不同长度的原始数据序列建立 6 维、7 维、8 维和 9 维的 GM（1，1）模型，见表 6-2。

表 6-2　不同维度下的四川省参保在职职工人数的 GM（1，1）模型

模型	维度	数据序列	表达式
模型 1	6	（2001—2006）	$\overset{\Lambda}{x}^{(1)}(k) = 9258.10e^{0.0417(k-1)} - 8845.9$
模型 2	7	（2001—2007）	$\overset{\Lambda}{x}^{(1)}(k) = 6676.87e^{0.056(k-1)} - 6264.67$
模型 3	8	（2001—2008）	$\overset{\Lambda}{x}^{(1)}(k) = 4955.58e^{0.072(k-1)} - 4543.38$
模型 4	9	（2001—2009）	$\overset{\Lambda}{x}^{(1)}(k) = 4063.82e^{0.085(k-1)} - 3651.62$

为了检验模型的精度，我们选取 2010 年、2011 年参保在职职工的人数作为检验数据，以验证模型的可靠性。按照式（6-10）对不同维度下的模型精度进行计算，分别为 71.1%、79.35%、89.35% 和 96.13%，检验结果表明，9 维灰色模型预测精度最高且超过 90%，因此选择模型 4 对 2012—2020 年参保的在职职工人数进行预测，结果见表 6-3。

表 6-3　　　2012—2020 年四川参保在职职工人数　　　单位：万人

年份	一次累加的预测人数	还原后的预测人数
2012	7618.2	969
2013	8618	999.8
2014	9706.50	1088.5
2015	10891.6	1185.1
2016	12181.8	1290.2
2017	13586.5	1404.7
2018	15115.8	1529.3
2019	16780.8	1665
2020	18593.5	1812.7

2. 养老金支出模型自变量的预测

（1）e_k——月平均养老金支出的预测。根据式（6－4）建立 2000—2011 年各年四川省月平均养老金支出原始数据序列：

$X^{(0)} =$（460，456，537，516，574，603，734，829，1012，1086，1136，1263）

进行一次累加生成后：

$X^{(1)} =$（460，916，1453，1969，2543，3146，3880，4709，5721，6807，7943，9206）

由式（6－5）经检验 $X^{(1)}$ 具有准指数规律，因此可以建立 GM（1，1）模型。$X^{(1)}$ 是一个低增长序列，因此采用式（6－6）建立背景值序列：

$Z^{(1)} =$（687.6，1184.2，1710.7，2255.6，2844.1，3512.6，4294.1，5214.6，6263.6，7374.6，8574.1）

根据式（6－7）和式（6－8）得出 $\overset{\Lambda}{R} = [a, b]^T = (B^T B)^{-1} B^T Y = \begin{bmatrix} -0.108 \\ 362 \end{bmatrix}$

由于发展系数 $a = -0.108$，其绝对值小于指标值2，因此 GM（1，1）模型有意义。

建立预测公式：$\overset{\Lambda}{x}^{(1)}(k) = \left(x^{(1)}(1) - \dfrac{b}{a} \right) e^{-a(k-1)} + \dfrac{b}{a}$，$k = 2, 3, \cdots, 12$

$\overset{\Lambda}{x}^{(1)} =$（894.4，1378.7，1918.2，2519.2，3188.8，3934.7，4765.8，5691.6，6722.9，7871.9，9152）

还原后 $\overset{\Lambda}{x}^{(0)} =$（434.7，484.3，539.5，601，669.6，745.9，831，925.8，1031.4，1149，1280）

将预测值与实际值相比较，进行模型精度检验，由于平均相对误差为4.8%，精度达到95.2%，预测模型精度较高；同时系数 a 小于0.3，可将该模型用作中长期预测。因此利用上述模型对 2012—2020 年各年四川省基本养老金支出进行预测，结果见表6－4。

表6-4　　　　　2012—2020年四川省基本养老金支出　　　单位：元

年份	月平均养老金支出	年平均养老金支出
2012	1426	17112.4
2013	1588.7	19064.1
2014	1769.9	21238.2
2015	1971.7	23660.4
2016	2196.6	26358.9
2017	2447.1	29365
2018	2726.2	32714
2019	3037.1	36445
2020	3383.5	40601.5

（2）N_k——基本养老金发放人数预测。根据2000—2011年四川省养老金发放人数，原始数据序列变化急剧，采用传统的 GM（1，1）模型预测精度较低，因此采用式（6-11）对背景值进行优化。

$X^{(0)}$ = （149.2，164.7，173.4，182.9，181，198.6，209.7，239.9，275.6，361.8，406.6，462.5）

一次累加生成序列：

$X^{(1)}$ = （149.2，313.9，338.1，356.3，363.9，379.6，408.3，449.6，515.5，637.4，768.4，869.1）

经过非齐次函数拟合的背景值序列：

$Z^{(1)}$ = （230.2，407.1，584.3，833.9，856，1148.5，1133.5，1376.2，1229.6，2461.2，2774.8）

为了提高模型预测精度，分别选择不同长度的原始数据序列建立6维、7维、8维和9维的 GM（1，1）模型，并选取2010年、2011年养老金发放的人数作为检验数据，以验证模型的可靠性。按照式（6-10）对不同维度下的模型精度进行计算，分别为58.85%、67.83%、79.06%和95.95%，9维灰色模型预测精度最高且超过90%，因此选择 9 维 GM（1，1）模型 $\overset{\Lambda}{x}^{(1)}(k)$ =

$1097.45e^{0.0122(k-1)} - 948.3$ 对 2012—2020 年养老金发放人数进行预测，结果见表 6 - 5。

表 6 - 5　　　　2012—2020 年四川省基本养老金发放人数预测　　单位：万人

年份	一次累加的预测人数	还原后的预测人数
2012	3778.6	541.6
2013	4390.3	611.7
2014	5081.1	690.8
2015	5861.3	780.2
2016	6742.5	881.2
2017	7737.7	995.2
2018	8861.7	1124
2019	10131.1	1269.4
2020	11564.8	1433.7

3. G_k——2012—2020 年四川省基本养老金缺口预测

将表 6 - 1、表 6 - 3 的预测值和 A_k、B_k 的取值代入式（6 - 1），可以测算出 2012—2020 年四川省参保职工缴纳的养老金收入 I_k；将表 6 - 4、表 6 - 5 的预测值代入式（6 - 2），可以测算出 2012—2020 年四川省基本养老金支出 E_k，根据式（6 - 3）可以进行四川省基本养老金缺口预测，结果见表 6 - 6。

表 6 - 6　　　　　2012—2020 年四川省基本养老金缺口　　　单位：亿元

年份	养老金收入	养老金支出	缺口
2012	991.9	926.8	65.1
2013	1158.5	1166.2	- 7.6
2014	1450.9	1467.1	- 16.3
2015	1817.0	1846.0	- 29.0
2016	2275.4	2322.7	- 47.3
2017	2849.6	2922.4	- 72.8
2018	3568.6	3677.1	- 108.5
2019	4469.1	4626.3	- 157.2
2020	5596.7	5821.0	- 224.3

结论：以四川省过去年度基本养老保险金的收支数据为分析对象，建立基本养老金收支平衡模型，并对模型自变量建立 GM（1，1）模型，通过采用传统和非齐次指数函数相结合的方式对背景值序列进行拟合，形成了改进的 GM（1，1）模型；模型预测精度达到 90% 以上，适合用于中长期预测，经预测，基本养老金从 2013 年起出现正缺口，而且随着年份的增长，缺口将进一步扩大。根据测算，自 2013 年起至 2020 年，全省基本养老金缺口将从 7.6 亿元增长到 224.3 亿元。如果没有切实可行的措施对养老金的来源进行补给，那就只能使用以前养老金账户的结余进行弥补，这必将对四川省养老事业的可持续发展造成拖累，给地方财政支出带来严峻的考验。

第二节　可行性研究

一　提出了一种针对大众市场的新型商业模式

商业模式是一种包含了一系列要素及其关系的概念性工具，用于阐明某个特定实体的商业逻辑。它描述了公司所能为客户提供的价值以及公司的内部结构、合作伙伴网络和关系资本（Relationship Capital）等用以实现（创造、推销和交付）这一价值并产生可持续盈利收入的要素，揭示了企业如何创造价值、传递价值和获取价值的基本原理。随着市场经济主体间的竞争加剧，各种类型、形式的商业运作模式层出不穷，呈现出多样化、专业化和规模化的特点。在商业模式的研究中，客户是研究的核心点，没有可获益的客户，企业就无法长久、可持续地存活和发展下去。为了更好地满足客户的需求，企业需要尽可能地将客户分割成不同的细分区隔，在每个细分区隔中的客户，既有相似的行为特征，又有共性的需求。因此商业模式的研究也应围绕一个或者多个客户细分群体展开，从客户细分群体的种类来看，可以分为五个类型。

第一类是大众市场。通常，以大众市场为目标对象设计的商业模式在不同客户的细分问题处理上没有采用区别对待的方式，无论是价值主张的提出，还是渠道通路的开拓，以及客户关系的维护都以一个较大范围的客户群组为深耕对象，这个群组的客户在对产品、服务的诉求方面比较统一，采用这种商业模式的典型行业是大型日用百货卖场，通过向客户提供价格优惠、品类齐全的商品满足客户日常生活需要。第二类是利基市场，主要是为了迎合特定的客户细分群体，因此在价值主张、渠道通路和客户关系方面都应针对某一利基市场的特定需求定制，例如，很多汽车零部件厂商严重依赖来自主要汽车生产工厂的采购。第三类是区隔化市场，在区隔化市场中，商业模式在略有不同的客户需求及困扰的市场细分群体中会有所区别。例如，瑞士信贷的银行零售业务，在拥有 10 万美元资产的大客户群体与拥有超过 50 万美元资产的更为富有的群体之间的市场区隔就会有所区别。虽然这些客户细分有很多相似之处，但又有不同的需求和困扰。这样的客户细分群体影响了瑞士信贷商业模式的其他构造，诸如在价值主张、渠道通路、客户关系和收入来源方面。另外，瑞士精密系统公司，专门提供外包微型机械设计和生产解决方案业务，服务了钟表行业、医疗行业和工业自动化行业，但在针对以上三个不同行业的服务中所提供的价值主张是存在差异的。第四类是多元化市场。具有多元化客户商业模式的企业可以服务于两个具有不同需求和困扰的客户细分群体。比如，2006 年亚马逊决定通过销售云计算服务而使其零售业务多元化，即在线存储空间业务和按需服务器使用业务。第五类是多边平台或者多边市场，有些企业服务于两个或更多的相互依存的客户细分群体。比如企业提供的免费报纸需要大范围的读者以便吸引广告；同时，它还需要广告商为其产品及分销提供资金，这需要双边细分群体才能使这个商业模式运转起来。①

　　"消费养老保险"产品是面向大众市场，针对如何解决我国国

---

① 〔美〕亚历山大·奥斯特瓦德、伊夫·皮尼厄：《商业模式新生代》，王帅等译，机械工业出版社 2015 年版，第 11 页。

民养老金储备不足这一重点开展研究，通过商家让利，使消费者以消费返款的方式获得一笔收入，该笔收入计入养老保险个人账户中，经过日积月累、复利增值的投资效应累积，形成可观的养老金。这种方式相较其他促销让利形式而言，虽然使消费者放弃了当期利益，但投资于养老保险产品又能够使这笔投资获得增值效应，既可以补偿因消费者放弃当期利益而遭受的损失，还能够为消费者在不增加任何经济负担的前提下增加一条养老金筹集渠道。

二　实体项目的运行为消费养老保险的落地运营奠定了基础

2009 年，呼和浩特市通过了一项拥有我国自主知识产权和专利技术，以"消费有利息、消费有信用、消费信息化"为理念的"信息化便民服务一体化工程"，该工程以"内蒙古消费信息资源数据库"系统平台为支撑，在现有邮政及几大电信运营商已开展的收费网点的基础上，通过资源整合，率先完成呼包鄂地区公共事业交费信息化便民服务一体化。所谓"一体化"，主要是在水、电、煤气、邮政、电信（三大电信运营商）、数字电视等交费网点和加油站、加汽站、银行网点、大型商场、分布在居民生活区的便民连锁超市，由自治区政府信息办消费信息数据中心免费布设"消费信息终端"，同时免费颁发"内蒙古自治区居民消费信息卡"，使关系民生的诸多公共事业类交费，实现"一个网点就可以共享公共服务"。即居民到任何一个已布设"消费信息终端"的网点，通过刷卡（"内蒙古自治区居民消费信息卡"），即可完成电信运营商（中国联通、中国移动、中国电信）宽带、手机、固定电话费、煤气费、水费等各项交费，实现真正意义上的便民"一卡通"。与别的"一卡通"不同的是，这个"一卡通"在消费者获得商品后，还可享受到以其消费额为本金、以银行六个月定期存款利息率为收益率的利息回报。其运作方式是消费者刷卡后消费款并不立即支付给商家，先由政府掌握的专用账户垫付给商家，实际消费款存入银行六个月，以保证消费者在消费商品后"留下一段时间"对商品质量进行检验、鉴别，更好地维护消费者的合法权益。①

2010 年，德龙公司以"积分银行"系统作为中间枢纽，建立个人积分账号管理与结算的聚合平台，为消费者创造额外的消费增值福利，从而实现"消费养老·消费慈善"的民生及公益自助计划。该公司设立了"德龙积分网"，致力于提供跨商户、跨不同积分系统实现消费积分集中管理，通过使用德龙的积分银行平台系统，可将消费者在日常消费中的零散积分整合为综合积分，再转换成个人养老金。

2010 年 11 月，由重庆市老龄委等七个地区政府机构联合推出"消费养老"保险项目。市民凭一张积分卡，在指定的商业网点消费后，所获得的积分资金将直接打到消费者的银行账户，再由银行帮市民缴纳商业养老保险，以"一生消费，一生养老"的全新概念试点积分消费养老保险；2010 年 12 月 25 日，由上海市企业发展促进研究会主办的"消费养老"模式研讨会在沪举行，标志着以国家发改委培训中心为首的课题组正式启动这一养老新模式探索研究。因此，各大机构积极试点运作为我国未来大力推行消费养老保险模式提供了重要的经验，奠定了坚实的基础。②

三　信息科学技术为消费养老保险模式的运营奠定了技术基础

科技的发展使消费养老保障模式便于操作。（1）实现统筹管理，提高管理工作效率，改善管理工作效果。通过搭建信息平台，能够为各加盟商家提供从平台注册、信息发布的一条龙服务，使各加盟商家的信息发布能够完整、有效地汇聚，实现高效的统筹管理。通过开通资金汇集、投资模块，使消费养老保险的返利资金能够通过系统实现精确计算、精准投入账户，完成从积分兑付、资金汇集和资金投放的完整服务流程，在保障资金的安全管理的同时，也实现了预期投资收益的保障。（2）提供更便捷的用卡模式，提高消费者在日常生活中对消费养老项目的参与度。得益于现代电子集

① 资料来源：http://www.nmg.xinhuanet.com/xwzx/2009 – 03/28/content _16088426.htm，2016 年 3 月 6 日。
② 陆曦：《消费养老保障模式理论与可行性》，《经管研究》2011 年第 8 期。

成制造技术和快速可靠的算法的研究成果，指纹识别技术把人体具有唯一性和稳定性的特征用于身份识别，能够有效应对现行系统安全所面临的挑战。目前在世界上许多公司和研究机构都在指纹识别技术的研究中取得一些突破性技术，从而推出了许多新产品，这些产品已经开始在许多领域得以运用。例如 BAC 公司推出的业界领先的 SecureTouch 指纹识别机产品，就是非常具有应用价值和前景的。如果将这种指纹识别技术替代传统的依靠身份材料提供、办理消费养老保险卡的方式，就能够更高效地进行消费者个人资料的集成，快捷地完成个人账户信息注册。具体而言，它通过快速识别、辨认、收集活体指纹特征，经过算法处理形成数字储存格式，具有安全唯一、免带消费养老保险卡、免注册烦琐程序、能够与身份证信息进行绑定等特点，当持卡人进行消费时，只需手指一按，就能一步完成消费价款确认、积分同步换算、消费返款一步到位。（3）信息推送、更新及时、便捷。现有的商户管理模式下，消费者既无法一目了然地在消费前了解加盟商家发布的消费信息、返点方式，对加盟商家也缺乏统一的宣传渠道，造成供需双方间的信息交流、沟通不畅。利用互联网技术、建立消费养老保险一站式信息服务平台，通过平台管理方的后台操作，能够将各类商品促销信息、商户信息进行统一发布，以平台为载体，开展消费养老保险模式的宣传推广，这种"合力"的宣传效应相较传统的纸媒宣传更具有穿透力和辐射效果；同时，平台针对消费者开展"一人一户"式管理，将个人消费、消费返款信息等进行统筹管理，有利于维护消费者权益，不断提高消费养老保障模式的社会认可度。（4）参保无盲区。相较现有模式下需要依靠纸质资料的提交、审核，消费者能够利用电子商务平台免费注册，平台将在后台完成个人资料的审核，并自动生成养老金账号，节约了参保过程的人力、精力和物力的耗费，使参保、消费、积累一步完成。

四　预测收益可观对消费者和加盟商家、企业具有吸引力

（一）消费者的预测收益

根据重庆市消费养老保险试点项目设定的养老金计算规则，消费者通过积分返利获取的资金是按照每两个积分兑换 1 元人民币的兑换规则得到的，积分数量是按照消费金额与消费商户承诺的养老金积分率相乘得出的，每家消费商户承诺的养老金积分率互不相等，返利获取的资金有 50% 计入消费者个人账户中，另外的 50% 作为各参与主体的管理成本，由其进行共享和分配。进入到消费者个人账户后，消费者积分返利所得到的资金又被划分成两个部分，其中 90% 的资金作为养老金，用于购买养老保险产品，当消费者达到法定退休年龄时即可一次性或者分月领取养老保险金；另外 10% 的资金用作意外保险金，用于购买意外伤害保险产品和意外住院医疗保险产品，当消费者发生意外事故时，能够领取意外伤害保险金和意外住院医疗保险金。[①]

因此，消费者个人养老金账户累积的养老金包括四个组成部分，依次是：消费获得积分返利的 90% + 2.5% 的保底利率 + 保险公司的分红 + 按照一定投资收益率计算的复利投资回报。

本部分以每人年均消费 20000 元、40000 元两个档次进行计算，并假设加盟商户平均按照消费额的 10% 作为让利返款回馈给消费者作为保险费用，因此消费者个人账户中积累的养老金如下：

①20000 元消费档次：20000 元 × 10% × 50% × 90% = 900 元

②40000 元消费档次：40000 元 × 10% × 50% × 90% = 1800 元

按照上述测算，每人每年通过日常消费活动能够在个人账户中累积 900 元或 1800 元作为养老金储蓄，假设这部分储蓄将以年金的形式定期、足额流入个人账户，那么，在不考虑保险公司给予消费者的保底回报率的情况下，经过数年的积累后，消费者个人账户的养老金累积总额将达到：

①20000 元消费档次下

1 年：900 元

5 年：4500 元

---

① 资料来源：重庆金拐杖养老服务有限公司官网，http://www.jgzyl.com，2016 年 2 月 13 日。

10 年：9000 元

30 年：27000 元

②40000 元消费档次下

1 年：1800 元

5 年：9000 元

10 年：18000 元

30 年：54000 元

上述计算的养老金仅仅是针对养老金本金部分的累积金额，累积的保险金可以由消费者自由选择完全积累或者部分积累、部分投保的模式。在保证最低消费和收益不变的基础上，如果消费者选择了年投保额不高于收益金额的商业保险，那么消费者个人账户中累积的养老金余额还应考虑加上保险公司承诺的 2.5% 的保底利率、保险产品分红以及投资复利增长带来的账户金额上浮。此外，还有 10% 的意外养老金，包括意外保险金（身故、残疾）和意外住院保险金，根据意外保险产品的售价，每 8 元保费就生成一个保单号，承保金额 1 万元，以一年为单位，第二年清零，重新积累，最高限额 100 万元。例如，消费者一年消费 20000 元，商家或企业按 10% 的养老金积分率返利，那么就可以积累 100 元的意外保险金。按照 8 的倍数进行计算，100 元中包括了 12 个 8 元，每 8 元对应 1 万元的保额，则每年消费者可以获得价值为 12 万元保额的意外保险金（身故、残疾）；此外，每 1 万元保额的意外保险金（身故、残疾）与 2000 元保额的意外住院保险相捆绑，则共有 2.4 万元保额的意外住院保险金。

（二）加盟商家或企业的预测收益

如前文所述，在消费养老保险模式中，虽然是由加盟企业将利润中的一部分以积分回馈的方式给予了消费者，降低了该笔消费的利润率，但是在采用这种方式的同时，可以有效减少加盟企业通过其他渠道的营销费用，而且将消费与养老金筹集、积累相互捆绑，有利于增加消费者对产品、服务以及商家的忠诚度，增加顾客数量和单次消费的数量，长期下来，有助于商家与消费者建立利益联盟，对于稳定客源，降低宣传成本，实现"薄利多销"的长期利益都具有促进作用。

五 统计分析

消费养老保险在实务中的运用尚处于探讨和试点阶段，作为一种新型模式，大众是否愿意尝试，其实施与现有方式能否共同协作、发生效果，成为开展可行性分析的必要工作。因此，以了解四川省居民对消费养老保险的认知度为目的，本书以居住在成都、攀枝花、西昌、德阳、广安、南充、简阳和遂宁8个城市的市民为调查对象，根据年龄、性别、职业、月收入情况等进行了分层，发放问卷300份，回收有效问卷280份，问卷的有效回收率为93.3%，调查问卷内容见附录2。并采用李克特量表，如表6-7所示，设计消费养老保险模式的多个问题，就受访居民对这种方式的接受程度采集第一阶段的统计数据，并进行分析。

表6-7　　　　　　　消费养老保险认知度调查量表

项目 （填表说明：请根据您的认知，对以下各题所述情形做出评价，并在相应方格内打"√"，每题仅选一项）	非常同意	同意	不一定	不同意	非常不同意
D1 通过您所在的单位和您个人的途径积累的养老金，已经能够为您退休后的生活质量提供充分保障，因此不需要尝试消费养老保险的模式					
D2 消费养老保险项目的设计思路新颖、操作便捷，不会增加额外的经济负担，会积极尝试					
D3 消费养老保险作为新兴项目，如果政府对其真实性、可靠性不能提供担保，可能会存在项目不成熟、消费者不受保护、落入陷阱的可能性					
D4 参与消费养老保险，需要开通个人固定的养老保险账号，其中包括的关键个人信息有可能存在安全隐患，比如由商家以非法手段向外泄露					

续表

项目 （填表说明：请根据您的认知，对以下各题所述情形做出评价，并在相应方格内打"√"，每题仅选一项）	非常同意	同意	不一定	不同意	非常不同意
D5 加入消费养老保险项目的商家、企业可能利用消费养老保险为噱头，并没有真正让利给消费者，而是通过虚增商品售价，把成本转嫁给消费者					
D6 消费养老保险赠予的积分，可能会伴随商家、企业的倒闭而无法兑换或兑换不及时，影响养老金的累积					
D7 消费养老保险需要保险机构设立专门的投资险种，保险产品投资的安全性、信息不透明，可能使居民不会放心进行大额消费					

　　李克特量表是由美国社会心理学家李克特于 1932 年在原有的总加量表基础上改进而成的。李克特量表作为一种心理反应量表，是目前调查研究中用得最广泛的量表。当邀请被调查者对问卷中的提问做出回应时，他们需要对问卷中的各项陈述项目做出意见表示。该量表由一组陈述组成，每一陈述有"非常同意"、"同意"、"不一定"、"不同意"、"非常不同意"五种回答，分别记为 5 分、4 分、3 分、2 分、1 分，每个被调查者的态度总分就是他对各道题的回答所得分数的加总，这一总分可说明他的态度强弱或他在这一量表上的不同状态。

　　（一）问卷效度检验

　　根据表 6 - 8 结果显示，调查数据的 KMO 值为 0.645 > 0.6，说明该表的设计效度较好，问卷测量手段能够准确测出所需测量内容的程度较高。Bartlett 球度检验结果显示，近似卡方值为 504.573，数值较大，而且显著性概率 P 值为 0.000 < 0.05，因此拒绝 Bartlett 球度检验的零假设，量表效度结构好。

表 6 - 8   **KMO and Bartlett's Test**

Kaiser – Meyer – Olkin Measure of Sampling Adequacy		0.645
Bartlett's Test of Sphericity	Approx. Chi – Square	504.573
	df.	34
	Sig.	0.000

（二）问卷信度检验

调查数据 Cronbach's α 系数值为 0.813 > 0.6，表明量表的内部一致性较好，调查数据信度的稳定性和一致性程度较高，如表 6 - 9 所示。

表 6 - 9   信度分析结果

Cronbach's Alpha	N of Items
0.813	7

（三）统计分析结论

从回收问卷的统计结果来看，在统计市民对消费养老保险的接受度时，有 130 人（46.4%）表示目前的养老金来源渠道有限，而且对退休生活质量的保障程度不足，认为消费养老保险模式设计思路的可行性较强，愿意参与；有 98 人（35.0%）表示虽然消费养老保险模式具有可行性，但目前不打算参加；有 52 人（18.6%）对消费养老保险模式不感兴趣。因此，接近一半的被调查者显示出对消费养老保险项目的浓厚兴趣，证明该模式在四川地区推广具有良好的群众基础。

从影响选择消费养老保险模式的具体因素来看，从统计分析中可以看出，主要包括以下几类：在项目运营过程期间的信息保密程度；项目运行中信息传送不畅降低了买卖双方信息透明程度；参与主体的诚信和可持续性；该模式的合法性和可靠性等。被调查者对消费养老保险模式的以上疑问为本书研究进一步构建消费养老保险运行模式中的细节问题提供了有力参考。

第三节　"三位一体"运行模式的构建研究

一　"三位一体"消费养老保险模式概述

"三位一体"消费养老保险模式是指在地方政府提供政策支持下，政府牵头、专业公司出资组建以客户服务和数据处理中心为核心的服务平台，企业通过平台陈列商品信息，消费者在平台上开立账户后，可以购买商品、结算货款及购买养老保险产品。专业公司牵头进行积分兑换、款项结算及平台维护，保险公司主管资本投资运营，由接受委托的银行主理资金托管、清算和分配。通过平台连接，将产品、服务的供需双方连接起来；供给方提供的服务产品涵盖人们日常生活、医疗健康和文化娱乐等方面，需求方本人或委托他人使用互联网（包括移动互联网）浏览、选择、支付产品、服务，实现"线上定制、线下体验"。平台能够将人们的单个需求通过数据库进行集合，形成一个群体的需求市场，同时将现有成熟的、优质的产品、服务资源有效整合起来，"合零为整"最大化地发挥服务功能，形成一条完善的服务供应链。线下体验完成的服务内容将通过反馈机制汇总至平台的数据库，数据库管理方通过数据挖掘手段，分析、处理、发掘出需求方更具深度、个性化、全方位的服务需求，从而供给方可以有针对性地改善产品性能、设置服务项目，更合理地配置服务资源，提高需求方对线上产品、服务定制的粘黏度，最大化提高客户满意度，由此，通过平台连接，形成一个良性的商业生态系统，闭环效应得以体现。

为了更有效地促进该模式的运行，以下将从融资、信息管理、资金管理和投保兑现四个方面进行阐述。

（一）融资模式——私人主动融资模式

私人主动融资模式是经过对 BOT 模式的调整、改良和发展，由英国政府部门在 20 世纪 90 年代初期发起的一种公共项目融资模式。起初这种模式被西方国家在基建投资的建设和运营中普遍运用。在这种模式下，政府部门根据经济发展的轨迹，通过考察、分析基建设施的具体需求，向全社会对拟建设的项目进行公示、招投标，经过遴选确定获得项目建设特许权的私营部门，由其开展相关项目的筹资、建设与营运。私营部门向接受服务方收取使用费，逐渐弥补前期成本、费用的投入，并在特许经营期（一般为30年左右）结束时将所经营的项目完整、无债务地归还给政府。

为了更好地实现"三位一体"消费养老保险模式，专业服务平台的搭建需要耗费较高的人力、财力和物力。政府向社会公开发布投标信息，经过遴选后由中标公司开展平台出资、组建及营运，政府作为监管者应对参与招投标公司的资质、准入条件进行严格筛选及把关。在特许经营期间，该公司采取向接受服务方收取费用以回收成本的盈利模式，在特许期结束时，该公司将所经营的项目完好地、无债务地归还政府。在这种PFI（私人主动融资）模式的操作下，将平台经营管理权交由专业公司运作的市场化方式，既能够缓解政府财政压力，也能够有效提高平台经营效率。

具体而言，具有以下意义：

一是拓宽融资渠道。消费养老保险模式建设资金的缺乏，成为阻碍其正常、大范围推进的首要因素，实施PFI模式，可以有效地建立多元化筹资渠道，丰富投融资手段和方式，加速平台建设进度。

二是提高项目建设效率。根据有关统计，政府参与基础设施投资、建设过程中的效率低下问题较为常见。专业公司是市场经济中的"理性经济人"，在长期经历市场经济的考验和竞争中，具备了较强的竞争意识和较高的工作运行效率。在PFI模式下，专业公司作为参与主体，在平台建设的各个环节中引入市场竞争，与原有的以政府为主导的方式相比，建设效率得到提高、建设效果得以优化。同时，相较政府部门，专业公司在管理、技术和知识方面具有显著的比较优势，采用PFI模式有利于其最大化地发挥优势，建设成本、产出成本能够得到明显缩减，效率显著提高，使社会资源得到优化配置。

三是转移项目风险。消费养老保险模式平台的搭建属于国内首创,没有丰富、成熟的经验可供借鉴,因此项目建设的各环节所产生的风险具有分散性强、隐蔽性显著的特点。在 PFI 模式下,专业公司全权负责平台项目建设的各项工作,承担了项目的经济风险,建设、运营和部分法律政策风险,社会风险,使本来由政府部门承担的投资风险发生了迁移。

(二)信息管理模式——消费养老"一站式"公共信息服务平台

如上所述,为了更好地实现"三位一体"消费养老保险模式的推进,应由政府牵头组织、遴选符合条件的民营企业建立涵盖全省范围的消费养老"一站式"公共信息服务平台。

该平台是以消费者在平台的注册信息为线索,综合消费、投资信息数据动态搜集、挖掘、分类、统计分析为一体,以客户服务和数据处理功能为核心,服务平台需要与各商业银行、商家企业、消费者相联系,保持信息交流的畅通无阻,以满足消费者的各种消费支出需求、与商家企业建立消费积分、与银行实现积分兑现积累、与保险公司等资金管理机构建立投保等需要。

消费养老"一站式"公共信息服务平台的结构如图 6 - 1 所示。

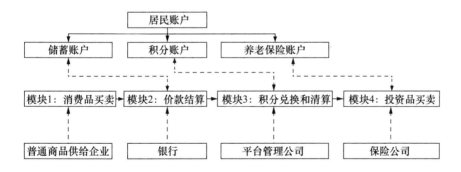

图 6 - 1　消费养老"一站式"公共信息服务平台

消费养老"一站式"公共信息服务平台分为消费品买卖、价款结算、积分兑换和清算、投资品买卖四个模块。

1. 模块1：消费品买卖

在这个模块中，商家企业将待售商品的信息，包括商品名称、规格型号、图片描述、价格以及提供积分的方式和比例一一列明；消费者可以在搜索栏中输入商品或商家企业名称，从而直接地获取拟购买商品的详细信息，并能够直观地在商品以及商家企业间进行比较、选择和购买。此外，当完成一笔交易后，消费者可以针对商品质量、商家服务进行评价和意见反馈，并通过在线留言的方式进行输入和记录。相较现有模式而言，商品具体信息可以得到更全面、公开的展示，并进行及时的更新，这样能够有效地减少消费者在商品购买中面临的信息沟通不畅，并有效降低信息不对称程度，使消费者享有充分的保障权益；此外，这个模块还能够清楚、完整地记录和掌握消费者的消费动态，通过信息技术对商家企业的价格政策、操作程序、消费投资回报率、协议规定等进行实时的操作，保证信息的及时、统一和安全。

2. 模块2：价款结算

在这个模块中，商家企业与各商业银行合作，负责完成企业与消费者之间资金的划拨。消费者在选定商品后，通过与个人账户绑定的银行卡在网上进行划款，从其储蓄账户中扣款完成价款结算。

3. 模块3：积分兑换和清算

根据商品成交金额和积分兑换协议规定，平台管理公司及时计算每一笔商品交易应兑换的积分数量，定期与消费者、商家企业进行清算，将积分存入消费者在消费养老"一站式"公共信息服务平台开立的积分账户中；并根据每个积分账户中新增的积分数量，计算出与商家企业应结算的返利现金；同时每月出具积分对账报告，供消费者查询积分累积总额和交易明细。

4. 模块4：投资品买卖

在这个模块中，一方面保险公司可以将参与消费养老保险项目的养老保险产品信息进行清晰的展示，供消费者了解和比较；另一方面，消费者使用积分账户中累积的返利现金可以直接购买养老保险产品；同时，消费者可以从自己的养老保险账户中查询账户中的投资支出明细、保险产品的投资收益率、投资回报额等信息。

（三）资金管理模式

从消费养老保险模式来看，参保人数范围广、规模庞大，同时汇集资金金额来自零星、不定期的购买交易，而且数据统计快速更新，资金积累到一定规模需要较长的时间。为了保证养老保险金能够适时、正确地积累，不仅要求保险资金管理主体制定严格、稳定的管理制度和政策，在改善各个运营环节间的衔接、操作方面还需提高流畅程度和规范性，才能使该基金有序地发展。

第一，多主体各司其职，构建协同监管体系；监管手段多管齐下，优化监管效果。首先，从横向上看，在养老资金投资管理的监管工作中，参与监管的主体包括劳动局、银监会、证监会和保监会等单位，它们相互之间既能根据专业性质承担独立的监管任务，又能通过有条不紊的协作，提高监管体系的完整程度和运行有效性，加强对基金管理服务机构的考核、严把"二次准入"关卡。在具体操作中，应建立系统、全面的规章制度、准入细节，规范资金管理机构的准入条件；加强对准入机构内部控制流程、风险防范措施的规范性检查，优先考虑经营思想端正、经营行为规范、经营管理有序的养老基金管理申请机构，这样才能尽可能地使养老保险受益人、社会公众等主体的利益得到保障，对维护金融体系安全性、降低侵害消费者养老资金行为发生的可能性起到直接作用。同时，激发多元化金融主体参与的积极性，例如银行、基金管理公司、证券公司、信托、保险等，进一步改进专业化分工和管理效率。其次，从纵向来看，从时间、空间两个方面采用多样化的监管手段，将日常稽查和年度考核相结合、兼用实地调查和网上检查的方法，在对资金管理机构进行不定期的监督检查中，发现存在的问题，从而进一步改善、优化服务协议内容，提高协议履行的可操作性，防止消费者养老资金的流失。

第二，全程监管制度的设立。其一，规范报告披露流程，保障信息完整、有效地披露。个人账户基金的投资标的、余额变动等信息不仅应该公开向被保险人披露，供其随时随地查询，了解账户变动状况，同时也应定期由社会保险经办机构、托管机构和投资管理机构在确保披露信息真实性、完整性的基础上向相关监管部门报告。其二，设置限制性条款。在财产管理方面，注意个人以及养老资金管理机构各自财产所有权、使用权的分立，这可以通过颁布相关限制性交易条款，保持账户间的相互独立。因此，个人账户基金财产不应被强用作偿还管理机构的债务。任何利用个人账户基金财产为管理机构或其他主体牟利的行为均被视为非法行为。其三，建立风险分散机制。考虑到目前我国资本市场尚未进入成熟运行轨道、证券投资标的价格容易受到操纵而导致巨幅波动频繁的现状，投资组合设计应符合由省级社会保险经办机构规定的金融工具类型和投资配置比例上限，其投资行为是否违规、违法需要接受监管机构的随时抽查与监督。其四，建立市场退出机制。对于已经获取个人账户基金管理服务资格的机构，仍需接受经常性的监督，一旦不能通过监督、导致其不符合个人账户基金管理的资格条件，应依据有关规定退出养老基金管理市场。

第三，实时监控系统的设立。资金管理环节较多，主要包括转账、投资管理、账户结算、收益分配和养老金兑付等多个环节，如果不能有效利用信息化技术在消费养老基金监管信息管理系统中的应用，各环节间的信息传递将受到阻碍，系统运行效率低下。通过从试点城市出发，循序渐进地在全省范围内构建基金监管网络，能够有效地实现即时现场检查、对突发性事件及时处理。同时，除了实施现场监督管理，还可以通过非现场手段，对基金管理服务的业绩效果履行科学合理的评估手段，对暴露出管理问题的基金管理机构应及时提出整改，有效抑制问题的恶化。从而可以将现场检查与非现场检查手段相结合，实现监督工作在事前、日常与事后阶段的统一。

第四，随着该模式的不断成熟，逐步放宽基金的保值增值、金融托管业务机构的投资权限。通过分散投资的方式，也可以实现投资风险分散，保证消费养老基金的保值增值需求。与其他基金不同，消费养老保险基金是由消费者自愿参加，通过商家企业间接赞助，形成商家与消费者之间各得所需、各享其利的养老基金。因此，在兼顾投资组合的安全性、流动性和收益性的同时，一方面应给予投保人充分的自由权利选择投资组合的构成，另一方面赋予资金管理机构更加灵活的决策权力和更强的运营弹性，减少过于严苛、不必要的干预。

第五，建立系统的监督、报告和信息披露制度。在养老金治理、监管过程中，监督、报告和信息披露制度建立的成熟度至关重要。其建立的系统性和完备程度充分反映出监管当局以及参与养老金计划的各个成员能否无障碍地、充分地获取信息，养老金受托人的行为是否得到有效的规范和监督。通常，政府监管部门、社会公众和第三方中介服务机构（比如审计、托管人）在履行监管职能中能够起到不可替代的作用，例如在实施"谨慎人规则"的国家，受托人应当履行向政府监管部门定期报告的职责，报告中应指明养老投资基金的投资方向、基金拥有的资产类别、做出投资决策的主体是谁，以及目前投资实施的情况如何，第三方中介服务机构也将对投资基金的财务报表数据进行审计，并将审计结果以审计报告的形式向社会公众披露。

（四）投保兑现模式

当消费者达到一定的退休年龄之后，比如女性55岁、男性60岁，才可以从消费养老"一站式"公共信息服务平台的养老保险账户中提取养老金投资收益作为个人的补充养老金。根据消费者养老金支取安排的需求不同，可以将支取资金的方式分为：年金式支取、一次性支取和不定额支取。消费者可以结合自身情况，从中任意选择一种养老金支取方案。

年金式支取方式的设计运用了年金理论，即当消费者达到退休年龄后，可以在相等间隔的期间内（一般以每月为间隔），分期、等额领取养老金。这种支取方式有利于消费者量入为出，合理安排每月开支，同时由于养老金账户资金余额的稳定性强，也便于养老金管理机构清楚掌握账户资金余额，使资金管理效率得到改善。一次性支取，即消费者从养老保险账户中一次性领取全部账户余额作为养老金。这种支取方式下，消费者虽然能够一次性获取数量较多的养老金，但如果不能将资金通过专业管理机构进行合理的保值增值，资金闲置可能使消费者丧失一部分未来投资收益。不定额支取为消费者提供了便利，使其能够根据自己在退休期间的不同阶段花费灵活安排支取数额，但是这种方式下，养老金稳定性比较弱，而且资金管理的成本也比较高。

二 "三位一体"模式的意义

首先，搭建消费养老"一站式"公共信息服务平台有利于对消费者个人账户信息进行统筹管理。特别是随着消费养老保险模式在全省甚至全国范围内推广，消费者个人账户的数量呈现几何级数的倍增，依靠"手工账"式的人工管理已经不能够适应发展的需求。从个人账户的层级来看，账户内部还涵盖了储蓄、积分和养老保险等多个子账户，账户层级错综复杂，如果不能依靠公共信息服务平台的技术手段进行数据化管理，运营成本将随着账户数量的增加急剧提高，而且运行效率低下。平台的运行还能够有效缩减参保盲区，消费者通过免费注册，一旦发生消费行为，积分自动换算、积累，享有消费即积累，积累即参保的一站式服务。同时，信息平台的搭建还有利于各参与商家企业及时发布商品促销信息，通过平台将经规范注册后的让利运营活动信息统一汇总展示；此外，消费者消费、获利信息也能被系统快捷、完整地记录，这有利于保障商家信誉和消费者权益，不断提高消费养老保险模式的社会认可度。

其次，平台上搭建的 B2C 消费模式顺应了我国大力推进电子商务的趋势，更能适应中青年群体消费习惯。数据显示，"2013 年中国网络零售额已超过美国，跃居世界第一，总规模达到 1.84 万亿元人民币；[1] 在已经过去的五年间，中国网络购物市场的年均复合增长率达到 70%，据预测，在未来五年，该比率仍将维持在 30% 以上。"[2] 此外，从参与网购的人数来看，也从 2008 年的 0.7 亿人激

---

[1] 国家邮政局发展与研究中心：《中国快递行业发展报告 2014》。

[2] 资料来源：Wind 咨询数据报告。

增到 2013 年的 3.0 亿人，从而使线上零售额在整个零售业中的占比由 2008 年的 1.3% 提升至 2013 年的 7.4%，网购渗透率从 24.9% 提升至 47.4%，人群的网购频次和收入层级也出现显著提升。在近期国务院会议中，李克强总理也提出重点推进六大领域消费，其中就首先提出了要扩大移动互联网、物联网等信息消费，支持网购发展。① 此外借助平台传播消费养老保险模式，相较传统电视、纸媒传播方式，渗透速度更快、辐射范围更广，针对以中青年为代表的目标受众群体推广宣传更加精准，能大幅度提高规模经济效应。

再次，利用信息技术整合普通商品及保险产品的交易，将供需双方连接起来，将消费者的消费需求、投资需求通过数据库集合，形成一个群体的需求市场，同时将现有成熟的、优质的消费品、保险投资品资源有效整合起来，并通过完善的信息披露，能够降低购买中的信息不对称程度，进而"合零为整"最大化地发挥平台服务功能，搭建成一条完善的产品、服务供应链条。

最后，对消费品、投资品"使用"的体验将通过反馈机制汇总至平台的数据库，数据库管理方通过数据挖掘手段，分析、处理、发掘出需求方更具深度、个性化、全方位的需求，商家企业以此为参考依据，可以通过统筹归集、合理配置资源，更加精准地锁定产品定位、目标人群需求，从而制订研发、生产、销售计划，更有针对性地向消费者提供消费品、投资品，在短期内改善消费者的消费体验，增进对产品的满意度，从长期效应来看，需求方对产品的粘黏度将大幅提升。

总之，通过平台连接，形成一个良性的消费养老保险生态系统，居民满意度和参与度不断提升，企业能够从中汲取详尽、有针对性的商业信息作为反馈，其发展的可持续能力、盈利能力和拓展能力得以提高，参与积极性和持续性得以保证，系统的闭环效应充分体现。

三　"三位一体"模式实施效果的定量测算

该模式作为一种对养老保险金筹集的补充手段，对于改善中低

---

① 资料来源：2014 年 10 月 29 日国务院常务会议纪要。

收入群体居民的退休生活质量效果显著。这部分人群目前主要依靠基础养老金维持退休后生活，但由于退休前工资收入水平较低，社保缴费基数低，造成基础养老金替代率较低，因此依靠基础养老金给予的养老保障低于社会平均水平。但是如果在不增加中低收入群体日常经济负担情形下，使他们能够通过消费积累养老保险储蓄，积少成多，能够为自己或者是子孙投一份养老保险，那么既满足了目前生活的必需消费，又通过专业机构管理实现了资金保值增值，从而为退休生活开支提前做好资金储备。

本书以四川省城镇居民人均消费为研究对象，定量测算消费者在参与消费养老保险项目后获取的养老金。2013 年，四川省城镇居民人均消费为 16343 元①，假设企业商家按照商品销售额的 5% 向消费者返利作为保险费用，则每年可获取的返利金额为 817 元。经过测算，在不选择投保商业养老保险的情况下，若干年后养老保险账户的累积余额如表 6 – 10 所示。

表 6 – 10　　　　　　　　　养老保险账户累积余额

消费者参保年限	养老保险账户累积余额（元）
1	817
5	4086
10	8170
20	16340
40	32680
60	49020

注：测算中没有考虑物价上涨因素以及居民生活品质提高因素带来的年均消费额增长。

如果消费者选择一种年缴保费额低于消费养老保险返利额的商业保险进行投保，当居民达到退休年龄时，养老保险账户中的累积余额将包括未投保结余和投保收益两个部分。本书选择成都地区中

① 资料来源：2013 年四川省国民经济和社会发展统计发展公报。

国人民保险公司鑫安年金保险，参保人从规定的投保年龄开始，同时保证相对稳定的消费水平以保障年缴费，扣除年缴保费后剩余金额累积（以下简称结余累积）在养老保险账户中。测算结果如表6－11所示。

表6－11　　　　　人保鑫安年金保险缴费及趸领余额计算

投保年龄（岁）	年获消费养老保险费（元）	年缴金额（元）		退休时领取年养老金（元）		60岁养老金账户余额（元）	
		女性（结余累积）	男性（结余累积）	女性（55岁）	男性（60岁）	女性（55岁）	男性（60岁）
18	817	400（417）	366（451）	28330	26144	15417	18941
25	817	536（281）	490（327）	28330	26144	8431	11438
27	817	587（230）	536（281）	28330	26144	6451	9275
30	817	675（142）	619（198）	28330	26144	3554	5931
33	817	784（33）	721（96）	28330	26144	719	2603

注：结余累积＝年获消费养老保险费－年缴金额。

退休年龄时养老金账户余额（元）＝结余累积×缴费年数。

从表6－11可以看出，消费者参加消费养老保险项目的年龄越小，能够积累的养老金总额越高，这是因为投资期覆盖的周期越长，投资收益通过复利累积能够获取的资金时间价值越大，对居民退休以后的养老金补给效用越显著。在表6－11中，以一名18岁即参加项目的女性消费者的养老金累积数据来看，退休时每年领取的养老金接近29000元，折合到每月后接近2500元，可以较大幅度地提高养老金替代率。从全省范围来看，截至2013年年底，四川省常住人口数量达到8107万人，能够粗略估算出如果全体居民参保，年养老金领取总额将达2.31万亿元。

总而言之，消费养老保险是依靠居民平常消费，不用加重现有的经济负担就能为自己或后代取得的养老保险。由于消费养老保险具有"人人消费、人人参保、人人获利"的特点，便于全民参保，因此在增进养老保障程度、平衡社会和谐稳定方面凸显出重要意义，具有良好的发展前景。

四 保障机制

在建立政府支持、企业主导和居民参与的"三位一体"消费养老保险运行模式中，存在着参与主体内部及其相互之间的利益博弈。主要体现在企业和居民之间对产品的信息传递存在障碍、保险公司与居民之间对资金运用和管理的信息不对称、政府鼓励和企业参与度不高、企业以营利为目的的动机与道德危机并存。

从利益博弈产生的根源来看，商家企业的信用问题是形成博弈的根本所在。商家企业的信用问题主要凸显为以下两个方面。第一，企业在持续、正常的经营过程中是否能切实地为消费者兑现投资回报，这里的切实，一方面是指兑现的真实性；另一方面是指兑现部分是真正的利润让渡，而不是虚增售价后向消费者转嫁了兑现成本。第二，商家企业的经营在市场中面临着系统性风险和非系统性风险，一旦发生经营不畅甚至破产，对消费者的返利应当如何兑现。对于第一个问题，按照消费资本论的观点，消费作为一种资本，应当得到相应的投资回报，这与日常的货币资本投资应当得到回报的道理如出一辙。一旦企业违背约定不予兑现消费者的投资回报时，企业也就丧失了它的消费资本，难以继续发展。对于第二个问题，消费者在发生消费行为的同时，伴随着对企业的投资，任何投资都与风险相伴，企业的经营不善甚至倒闭被视为消费者选择投资时必须面对的风险，风险一旦发生导致消费者不能拿到投资回报，从将消费作为一种资本的视角下，承受这样的风险是理所当然的。因此，消费养老保险模式通过将消费和养老金的筹集问题相互绑定，在进行模式构建时，既需要考虑到养老金的特殊性和重要性，同时，也需要通过一定的保障制度设计，使消费者能够正常获取养老金，与企业经营风险相分离，这样才能够真正实现消费养老保险的目标，使其有步骤、有计划地稳步推进。

为了保障消费养老保险运行模式可持续健康发展，需要从产品的供给和需求两方面建立有效机制。

第一，根据"瓦格纳法则"与"财政压力"建立公共产品多元化投入机制，鼓励民间资本对消费养老保险平台的建立投资。从近年来民政部下发的关于养老产业发展的各项通知文件来看，过去以"公办""公立"为主的社会保障形式逐渐向"民营""企业"转换，未来养老产业的发展凸显出典型的"国退民进"趋势。相关条例指出："要部署推进消费扩大和升级，特别要鼓励养老健康家政消费，探索建立产业基金等发展养老服务，制定支持民间资本投资养老服务的税收政策。"① 这意味着民营企业投资养老产业将会得到更多的政策支持。发展消费养老保险模式实施的试点，并在全省、全国范围内推动及发展是一项复杂而艰巨的工程，不仅需要从宏观政策方面对其认可，摒除部分消费者对该模式的信任危机，而且需要识别出在消费养老保险模式中面临的问题和风险，"一站式"公共信息服务平台是决定整个体系是否能够有效、可持续运转的核心和保障，其中涉及的主体包括银行、消费者、企业和保险公司，它们的参与程度共同决定消费养老保险事业能否持续发展，因此政府和民营企业在构建这一系统平台的过程中需要恰当地分工，明确各自担负的责任。其中政府主要负责平台建设各阶段的把关和筛选，起到把控全局的主要作用，将公共信息服务平台的顶层设计、建立以及日常运营工作交给民营公司负责运作，提高平台管理的专业化水平，同时保证各方之间信息的对称，提高工作效率。

第二，在消费养老保险交易平台供给的商品是一项私人产品，企业的参与度高低和广泛程度在"三位一体"的运行体系中至关重要，如果只是从"奉献"、"利润让渡"、"为养老事业做贡献"等角度游说商家企业加盟，只能短期内赢得一批对项目具有认知度和认同感的加盟商家，如果实质性的回报难以兑现，企业长期参与难以维持，一旦出现大量企业退出，消费养老保险项目将产生多米诺骨牌效应，失去养老金供给的可靠来源，导致该模式难以维系甚至走向终结。为了调动企业参与的积极性，政府应制定以税负减免为

---

① 资料来源：2014 年 10 月 29 日召开的国务院常务会议颁布条例。

核心的激励机制，通过一系列税收优惠政策的出台，保证消费养老保险运行平台产品供给的充分性，以此鼓励消费养老保险业务的全面开展。同时，为了鼓励更多的居民，特别是中低收入的城乡居民参与到消费养老保险项目中，当消费者达到退休年龄并开始支出这部分消费积分返利获取的投资回报、作为养老金的补充手段时，对这一部分投资收入，国家应出台相应的税收免除或者税收递延政策，尽可能地增加消费者通过参与项目获取的净收益，激发消费者加入该项目的积极性。

第三，消费者作为产品的终端接受者，对产品的质量、服务品质的好坏最具有话语权，建立产品质量信息监督机制及服务体系的双向反馈机制保障消费养老保险产品需求者的利益。首先，建立产品信息监督机制。以信息化建设推动"智慧监管"，新的市场业态需要新的监管路径来匹配。建立网上综合监管平台，通过监管软件的自动搜索，实现主体数据库的自动对比、不合规信息的智能搜索。配置新型服务器、电子取证设施、搜索引擎、监管终端等现代信息通信设备，搜索除第三方网页证据外，彻底改变以往人海战术、地毯式巡查、专项整治等传统监管方式，提高网络监管效率。建设"网格化、精细化、一体化"监管模式，构筑权责分明、职责落实、反应迅速、全面监管的网格化监管体系。积极推进一体化监管，按照"全程监管、多维监管、立体监管、长效监管"的工作要求，进行事前规范、事中指导、事后监管。研究市场监管长效机制建设，努力构建企业自治、行业自律、社会监督、政府监管的社会共治格局。其次，建立双向反馈机制。为了约束消费者和商家企业的个体行为，可以建立买卖双方的诚信档案，不论是消费者个人，还是商家、企业，通过对其历史交易记录、消费者评价数据的收集、统计和评估，评判其在政府诚信体系中的得分，并授予工商业界公认的信用等级，该信用等级将作为关键参考指标，对于其所需贷款额度的评估和发放起到直接影响。

第四，从立法的高度严格管理消费养老保险业务，通过法规条例的颁布约束各参与主体的行为，提高其在各项操作环节中的规范性。例如，在政府相关部门的统一协调下，组建针对消费养老保险运行项目的监督机构、法制机构，完善和细化"一揽子"法律政策；通过加强综合执法力度、从严管理，将定期全面的监督检查与随机抽查相结合，及时发现不合规的操作行为，识别需要整改的问题，确保消费者能够无障碍、准确地获取消费投资回报信息，随时清楚地了解个人养老金账户的变动明细，使消费合法权益得到充分保障。对于欺骗或侵犯消费者权益的行为进行严格处罚，从而提高消费者对消费养老保险业务的认同感和安全感，确保养老金的应收尽收、应用尽用。

第五，多层面、多层次地完善服务支持。通过消费养老"一站式"公共信息服务平台，消费者、政府、企业、银行、保险公司等机构由四个模块相互衔接，各个环节的相互衔接不仅较为复杂，而且由于传导链比较长，在运行过程中对平台的技术力量支撑提出了较高的要求，否则运行效率可能受到不利的影响。一方面，要求商家、企业及时、准确地将相关商品信息、消费积分反馈政策等信息输入平台，同时还要加强与银行之间的合作，以确保资金能够及时、准确、安全地划转。银行作为资金清算的媒介，还要做好企业和消费者之间的连接工作，让信息的传递畅通无阻，保证资金在企业与银行、银行与保险公司之间的及时划转。另一方面，保险公司等金融机构承担着资金管理、养老金保值增值的责任，只有通过优化投资组合设计，兼顾资产投资的"三性"原则，将投资收益安全边际保持在一定标准以上，才能达到预期收益率，充盈个人养老账户资金。总之，没有各方面的通力合作，就难以保证消费养老保险模式的顺利实施。

第七章　研究结论与政策建议

第一节　研究结论

第一，本书对消费养老保险产生根源开展了探索研究。从"消费能够转化为资本"的观点出发，将消费者向企业购买商品的行为视同为一种对企业的投资，该项投资应获得回报。因此，消费养老保险的概念界定为：企业定期将该笔消费获得的利润按照消费金额的一定比例向消费者以消费积分进行返还，并将积分按兑换比例折合为现金返款，计入消费者个人账户，并通过投资养老保险获得款项的保值、增值的一种保险，参保人到退休年龄时可以按月或一次性支取账户中的养老金。

第二，对消费养老保险与普通商业寿险进行了比较和区分，主要体现在属性特征的差异。消费养老保险连通了消费、养老和保险三大模块，集企业联营、银行清算管理和保险机构投资为一体。消费者通过基本、必要的日常消费行为，不受投入金额、时点、周期的限制，自动、可持续地累积养老金，特别能够缓解中低收入水平消费者积攒养老金的经济、心理负担。同时，参与的企业、金融机构也从中获取规模经济效应、消费聚拢效应、资本沉淀效应和市场压力效应。从宏观经济长期运行来看，"以消费积攒保险，以消费促进发展"为核心思想的项目设计方案能够有效拉动内需，带动多产业规模扩张和产品结构升级，增进经济发展动力。

第三，得出结论：四川省"三支柱"养老体系发展滞后，亟待通过多元化手段加强养老金筹集渠道的建设。四川省"三支柱"养老体系发展现状表现为：基本养老保险存在"低水平、广覆盖"的特征，严重拉低了养老金替代率水平；国家税收激励政策条款不明朗、不充分，企业年金发展规模受到抑制；个人商业养老保险投保费用高、实现预期收益率的风险显著，中低收入人群参与门槛较高。以四川省过去年度基本养老金的收支数据为分析对象，建立基本养老金收支平衡模型，并对模型自变量建立 GM（1，1）模型，并采用传统和非齐次指数函数相结合的方式实施背景值序列的拟合，形成了改进的 GM（1，1）模型，预测结果表明2012—2020 年四川省基本养老金缺口呈现不断扩大的趋势，政府财政支出安排面临严峻的形势。

第四，消费养老保险模式在四川省内的推行具有广泛的接受度和群众基础，可行性较强。受访人群普遍反映养老金储备不足、来源渠道有限，对退休后的生活质量表示担忧，表示出参与消费养老保险项目的强烈意愿。但对消费养老保险实施中的信息安全、信息不对称、对参与企业的信任危机以及该模式的合法性等问题存在疑虑，这也为消费养老保险运行模式在设计中应注意的问题提供了参考依据。

第五，本书提出"三位一体"消费养老保险运行模式，它是指由政府牵头、专业公司出资组建服务平台，企业通过平台陈列商品信息，消费者在平台上开立账户后，可以购买商品、结算货款及购买养老保险产品。专业公司管理积分承兑、结算及平台维护，资金运作交由保险公司主理，并通过开设指定银行账户有效保障资金托管的安全性。为了提高该运行模式实施的有效性，提出从融资、信息管理、资金管理和投保兑现四个方面进行细化的方案。

融资：采用私人主动融资模式，政府公开实施招投标工作，由中标的专业公司负责服务平台出资、组建及运营等工作，政府作为监管者应对参与招投标公司的资质、准入条件进行严格筛选及把关。在特许经营期间，该公司采取向接受服务方收取费用以回收成本的盈利模式，在特许经营期结束时，政府收回该项目，项目所有权由专业公司转移至政府所有。

信息管理：由专业公司建立涵盖全省范围的消费养老"一站式"公共信息服务平台。该平台以消费者在平台的注册信息为线索，综合消费、投资信息数据动态搜集、挖掘、分类、统计分析等功能为一体，以客户服务和数据处理功能为核心，分为消费品买卖、价款结算、积分兑换和清算、投资品买卖四个模块。

资金管理：为了保证养老金适时、正确地积累，不仅要求保险资金管理主体制定严格、稳定的管理制度和政策，还要求：第一，劳动局、银监会、证监会和保监会并列形成监管联盟，通过专业分工、协作，形成一个有机、完整的协同监督管理体系。第二，设立全程监管制度。首先，通过建立报告和信息披露制度及时、准确地反映个人基金账户明细变动；其次，在财产管理方面，注意个人以及养老资金管理机构各自财产所有权、使用权的分立，这可以通过颁布相关限制性交易条款，保持账户间的相互独立；再次，通过对资金投向标的、比重配置限定分散风险，兼顾投资组合的安全性、流动性和收益性；最后，建立市场退出机制，对违规违法操作的基金管理机构执行严格处罚。第三，个人账户各环节的工作主要包括资金转账、投资管理、账户清算、收益分配和养老金兑付，应通过信息技术的使用提高账户各环节的工作效率。第四，综合使用现场检查与非现场检查手段，将事前监督、日常监督与事后监督相互统一，完善监督体系的构建。

投保兑现：根据消费者养老金支取安排的需求不同，将支取资金的方式分为年金式、一次性和不定额支取，消费者可以从中自由选择任意一种支取方案。

第二节　政策建议

如前文所述，我国现阶段的社会保障体系的构建和发展尚处于不成熟、不完善的阶段，同时还经受着人口老龄化、少子化浪潮不断加剧态势的考验和威胁，依靠传统的"养儿防老"的养老模式已经难以维系和持续，伴随着新型的养老金筹集渠道"消费养老保险"模式的推出，为解决我国现有"三支柱"体系面临的养老保障支持不足、养老金替代率水平较低的问题，提供了一项参考思路。但是消费养老保险作为一项新兴事物，涉及企业、银行、保险公司等多个主体的共同参与，在运行过程中面临的复杂性比较突出；同时，探索一种具有较强可行性的运行模式，没有成功的案例或者历史经验能够借鉴，在少数试点城市"摸着石头过河"的过程中，凸显出诸多风险和阻碍。基于上述的分析和研究，本书提出：要保证"消费养老保险"模式能够可复制、可落地地在我国大力推广，还需从以下几个方面努力。

首先，为了保障"三位一体"消费养老保险的有效运行，从以下几个方面构建运行模式的保障机制和措施。

第一，建立公共产品多元化投入机制，鼓励民间资本对消费养老保险平台的建立投资，使过去以"公办""公立"为主的社会保障形式逐渐向"民营""企业"转换，凸显"国退民进"的思路。第二，建立以企业所得税减免为核心的激励机制，调动企业参与的积极性，保证产品供给的充分性和持续性；对参与项目的消费者，针对其养老保险账户的投资收入，给予个人所得税的减免或税收递延。第三，建立产品质量信息监督机制及服务的双向反馈机制，保障消费者权益。第四，建立买卖双方的诚信体系，将交易和反馈信息建档记载，经过评估授予工商业界公认的信用等级，该等级将作为关键参考指标，直接影响到其从事各种商业活动所必需的贷款额度，从而约束买卖双方行为，降低道德风险。

其次，从配套的相关政策、制度方面，提出以下几个方面的建议。

一　提升政府的政策支持力度

消费养老保险项目作为一项新兴事物，在实施和推广的过程中，既需要通过持续的宣传提高项目的知名度，更重要的是，还需要在公众心目中树立项目的公信力。这就离不开政府从政策层面给予的认可和支持。政府的支持既能够提供一种社会舆论导向，也能增加公众对项目的信任度，加速运营方在运行消费养老项目中的品牌效应发酵，并且通过颁布一系列的政策、制度、规范作为引导，为公众提供信息支持。在开展政策宣传的过程中，通过政策惠及面的不断辐射和拓宽，能够逐渐挖掘出社会的现实需求，还能辨别出一系列潜在需求。从激发项目供给主体的主观能动性，即加盟商家的参与积极性来看，政府通过财政、金融手段，制定"一揽子"优惠政策，甚至还可以通过推出担保措施减少参与主体的运营风险。例如，政府参股设立担保公司，针对消费养老保险项目的运营单位、加盟商家等提供担保服务，起到"背书"的作用，增加消费者对其的信任度；为了促进更多的加盟商家参与到该项目中，通过给予税收优惠，降低他们在参与过程中负担的经济成本，能够将更高比例的返利优惠拨付给消费者，进而激发其参与热情。通过颁布相关制度，对各参与主体的行为规范起到震慑和约束作用，切实有效地对消费养老保险项目的日常运营起到持续性的监管作用。

二 建立以法律法规为准绳的全面监管体系

从目前已经试点运行的消费养老保险项目来看，实施过程中面临的风险点较多，例如加盟企业面临让利、返利中与消费者的信息不对称，进而引发的道德风险；养老金投资主体面临的金融市场准入风险以及养老金如约兑付和资金安全风险等。这些风险的产生和养老金产品的特点息息相关，由于养老金产品投资的周期长，同时从"消费—获得让利—养老金投资—养老金兑付"各阶段之间经历的间隔时间较长，不仅对于加盟商家研究、确定给予消费者的返利百分比造成一定的复杂性，也对养老金产品投资方向的选择以及预期投资回报率的锁定产生了较大的困难，给消费者在退休时点上足额、如期兑付取得养老金增加了很多不确定因素。同时，消费养老保险项目中参与主体多元化，主体具有显著的独立性和异质性，相互之间的利益关系存在博弈，同时较难协调。因此，需要从法律制度层面出台一系列监督管理的要求和制度，对消费养老保险项目的运行市场进行监管，理顺各参与主体之间的关系，梳理消费养老保险市场的秩序，尽可能地降低商业欺诈事件的发生频率，切实维护消费者的正当权益，保障相关机构的利益。因此，出台相关的法律法规势在必行，进而不断提升社会监督力度和监管强度，特别是要对照现行法律和国家主管部门政策进行有机衔接，既体现探索和创新，又不违规或违法。

三　推广多管齐下的宣传模式

我国传统的养老模式深受"孝文化"和"养儿防老"思想的双重影响，无论是在城市还是在农村地区，"养儿防老"的模式仍然受到大部分老年群体的推崇。但是，伴随着市场经济发展的速度加快，社会竞争不断加剧，家庭成员数量、家庭结构也发生了巨大的变化，使得"养儿防老"的传统模式受到了极大的挑战，恐难以为继。这一方面是由于部分子女在赡养老人方面的责任感较弱，不能为年老的父母提供必要的生活照料，严重地影响了这部分老人退休后的生活质量。另一方面，伴随着计划生育政策的实施、人均寿命的延长，作为计划生育政策实施初期的第一批独生子女逐渐步入了婚育年龄，他们既要担当社会主义建设事业的主力军，还要肩负起持家养老的重任，面临双重压力，其赡养父母将面对的困难是不言而喻的。这种以"四二一"为典型特征的家庭结构占据了家庭内部结构的主流，意味着一对年轻夫妇不仅需要为自己的正常生活提供充分的物质保障，还要承担赡养四位老人、抚养1—2名孩子的责任，精神上和经济上都承受着巨大的压力，因此这也从客观方面造成了家庭养老的功能持续弱化。此外，随着经济生活水平的不断提高和医疗技术精进发展，人类寿命正在不断延长，有数据显示，到2050年，每100名年轻人负担的老人数将达到49人。[①] 因此，依靠传统的"养儿防老"的家庭养老模式已经无法承受愈加严峻的老龄化趋势。

在这种背景下，消费养老保险项目作为一项新鲜事物势必受到

---

① 何松：《"以房养老"之选择——住房反向抵押贷款探析》，硕士学位论文，北京交通大学，2010年。

国人遗产观念以及消费者对商家存在信任危机的双重影响。因此，在消费者群体中，如何以恰当的方式传播、宣传消费养老保险的理念，尽可能地缩短消费者对该项目的认知期间关系到项目的推进和发展。因此，一方面对于消费养老保险的相关政策应当给予消费者正确的解读，尽可能地调度多元化的宣传媒介和宣传手段，利用传统纸媒、网络媒体等方式对消费养老保险项目开展宣传，扩大项目的影响力，争取到政府和社会各界的大力支持。另一方面通过选择地区、城市进行试点，从实践中探索真知，加强人们对消费养老保险模式的认识，提高年轻人的养老意识。

四 打造项目示范区，从实践中积累经验

"消费养老保险模式"的推出对于形成一条补充的养老金供给渠道具有非常重大的意义。它以消费资本论为指导，使人民群众在日常消费的同时就可以进行养老金的积累，不用负担额外的经济成本，这既为我国补充养老保险体系的建设添砖加瓦，同时随着项目参与群体的不断扩大，也为带动消费规模的扩张、引导消费升级做出贡献。这是对现有养老金筹集理论的一种创新，但由于没有成熟地区的成功经验可以借鉴，从提出消费养老保险理论，到将理论运用于实践加以利用，最后成功地形成一套可复制、可广泛推行的方案需要相当长的时间去打磨各个环节的工作。目前，我国的养老市场尚处于发展不成熟的阶段，将消费养老模式在多个城市、地区同时推行，试错成本较高。因此，为了更加理性地推行消费养老保险项目，可以选择试点城市、地区开展，让个别地区先试先行，在取得一定运行经验的基础上，再逐步推广、统筹运作、分步实施。针对在试点城市运作发现的问题，应及时地追根溯源，找出原因，提出解决方案，并使方案的执行方式经得起检验，形成一套可落地操作的方案，让广大的居民受益。同时，通过试点地区的经验总结，为中央政府的决策提供宝贵的经验借鉴，这对于进一步完善方案、改良措施起到积极的推进作用，使消费养老保险模式的运行进入良性循环的系统中。目前，消费养老模式在重庆市的运行，虽然暴露出了很多细节考虑不周、实施过程遇到阻碍的情形，但毕竟为该模式的落地运行开了先河。鉴于我国国情的复杂性，各地区经济发展水平不均、财政状况和实施条件存在差异，应考虑选择更多区域开展试点，进而不断地打磨各个工作环节、完善整个流程，形成一套成熟的、经得起检验、可在全国范围内推行的方案。

五　加强运营团队业务能力，保障实施的安全性和规范性

消费养老保险项目是关系到国计民生的重大问题，作为一种新型养老模式，在我国首创，没有经验可循。因此要加强运营团队的业务能力，要保证其实施的安全性和规范性。第一，要加强基础数据建设，要积累丰富、真实的基础数据，这些数据应包括购买者年龄、性别、购买数量及金额、产品结构及用量、购物连续时间、使用者、购买者与注册者的不一致比例等基本数据，还应该包括网购者的省份、职业、注册时间等延伸数据。只有具有这样的数据库才有可能做到精准计算出对消费者和企业都有利的"消费—投资—养老回报率"。第二，要完善产品应急方案。除了制订对正常满期后开始领取养老金的消费者的方案外，还要制订对因各种原因中途停止购买产品的消费者的方案，这样才可能给参与者更加弹性可行的操作方案信息和自愿选择的权利，从而在实际上达到有利于扩大参与人群的目的。第三，要合理确定给消费者的返利和返利再投资的回报所形成的收益率，为确保安全，这一收益率应该在同期银行存款利率水平和国家允许金融机构利率浮动比例之间。第四，要将给消费者的返利全部转由或部分转由专业性保险机构或者有资质的养老基金管理公司经营，或者采取信托方式，以确保资金安全。[1]

六　推行消费养老保险产品的多波段设计

虽然消费养老保险可以使消费者在不负担额外经济成本的同时积攒养老金，但由于消费者获得的积分返利是根据消费金额的一定比例得到的，因此，也存在高收入、高消费的群体，相较低收入、低消费的群体，能够累积、筹集的养老金总额也就更高，随着养老

---

[1] 邢南霞：《"消费养老"模式探析——基于重庆市"消费养老"试点项目调查》，硕士学位论文，华中科技大学，2014年。

金投资复利效应的释放，伴随投资周期的增长，这两个级次人群累积养老金的规模差距会越来越大。低收入群体是社会福利政策设计时最需要偏向的群体，为了弥补现有消费养老保险产品设计中的不公平，可以采用产品多波段设计。例如，根据消费者的收入情况、家庭经济环境状况的差异，在进行综合评估后，将消费养老保险产品的返利计划分成不同级次，特别地，在积分返利方面给予弱势群体更多的倾斜，使其能够获取相较其他群体更高的返利比例、免费办理消费养老保险卡等优惠方案。

七　加强养老金的监管

养老金发展的经验表明，监管是促进发展的最有力手段和根本保证。养老金体系监管的目的在于保护被保险人和养老金持有人的利益，确保养老金保值增值，促进经营机构稳健经营。养老金体系监管的重点是要抓好以下四个方面：一是加强市场行为监管，通过运用多种监管手段，严格执法，严肃查处恶性价格竞争、夸大投资收益和违规承诺保底收益等行为，营造公平有序的市场竞争环境。二是加强资金运用监管，确保养老金的安全。商业养老金和长期寿险产品有着类似的特性，都有较长的缴费期、经营管理期和风险管理期，从参与计划到领取养老金可长达数十年。因此，对养老金安全性和保值增值的要求很高，这就需要进行切实有效的监管。三是建立完善的信息披露制度，进一步增强透明度，增强市场和社会对养老金经营和管理的约束力，让被保险人和养老金持有人享有充分的知情权和选择权。中国保监会下发了《保险公司养老保险业务管理办法》，这是促进养老金业务健康发展，切实保护消费者利益的重要举措。四是加强协同监管。目前，我国的社会保险由劳动保障部、银监会、证监会和保监会共同监管。为促进我国消费养老保险金的快速发展和稳健经营，应该进一步加强监管机构之间的协调与合作。共同推动制定统一的监管标准，规范各责任单位的运作流程和市场行为，共同推动养老金的保值增值。①

第三节　总结

随着社会经济的不断发展和人民物质财富的增加，完善的社会保障制度能够起到良好的维持稳定和"缓冲垫"作用，还能对社会和谐与公平秩序的实现起到必要的调节。从以上分析可以看出，消费养老保险项目树立了对传统商业模式的挑战。在其实施过程中，消费者个人能够低成本、便捷地获取一份保险产品，同时也为相关企业扩大了客户群，通过有效、精准地挖掘客户需求为其产品拓宽市场、实现盈利创造了广阔的商机。消费养老保险的运行和在更大范围内推广，将有效提升其在养老保障体系中所处的位置，对现有的社会保障体系产生有益的完善和补充作用。因此，消费养老保险将与其他保障制度一样，在提供居民基本物质生活保障、维护社会秩序稳定、调节经济运行、促进可持续发展以及体现社会和谐公平方面具有不可替代的影响力。

因此，消费养老保险对于构建多元化的养老金筹集渠道具有不可忽视的贡献意义，发展趋势被看好。为了有效拓展其发展空间，其自身的运行与发展是主导力量，同时国家经济发展水平的影响作用也不容忽视。只有通过国家政策的支持及全社会共同努力，才能使其在实施过程中释放巨大的社会效应、经济效应。

第四节　研究局限与不足

首先，在对四川省养老金缺口测算过程中，使用的数据来自社

---

① 邢南霞：《"消费养老"模式探析——基于重庆市"消费养老"试点项目调查》，硕士学位论文，华中科技大学，2014年。

会统计数据，还有小部分数据是基于假设，因此在构建模型中存在数据的可获得性限制。

其次，在研究"三位一体"的消费养老保险运行模式中，对于居民、政府以及加盟商户之间的利益博弈，本书的分析过程是基于实地调研搜集资料、整理分析后，围绕着调研结论展开的，对于如何应用博弈论作为理论研究工具，挖掘深度不够，力求以后的研究中进一步探索。

最后，提出的"三位一体"消费养老保险运行模式是通过对现有模式的调研、针对发现的问题做出了较大幅度的改善、调整后得出的，虽然本书对其实施效果进行了定量测算，但由于受到时间和条件限制，对于其有效性、合理性的验证没有实施充分的实证研究；这也将作为后期研究中的重点问题，对实施实证研究的方法、步骤进行探索。

附　录

附录 1　消费养老保险项目加盟商调查问卷

尊敬的先生/女士：

您好，我们现在对消费养老保险项目进行课题研究，需要您填写以下一些问题，可能会耽误您五分钟的时间，希望您予以配合，谢谢您的支持！

1. 贵公司开通消费养老保险卡结算业务的时间有多久？

A. 180 天以内　　　　　　　B. 180—365 天

C. 366—730 天　　　　　　　D. 730 天以上

2. 贵公司获取到有关本项目详细信息的渠道是什么？（可多选）

A. 网络　　　　　　　　　　B. 报纸

C. 电视宣传节目　　　　　　D. 面对面推广

E. 亲戚朋友介绍

3. 来店消费并使用消费养老保险卡进行结算的顾客占总数的比例是多少？

A. 没有　　　　　　　　　　B. 30% 以内

C. 30%—50%　　　　　　　　D. 50%—70%

E. 70% 以上

4. 贵公司给予持卡客户消费的积分占消费金额的比例有多少？（请填写）＿＿＿＿＿＿＿＿＿

5. 贵公司对硬件设备、对账结果传递的速度和精准程度是否满意？

（请填写）＿＿＿＿＿＿＿＿

6. 有哪些途径使消费者提前知晓贵公司是消费养老保险定点单位？（可多选）

A. 宣传手册　　　　　　B. 电子商务平台

C. 短信、微信等通信手段　D. 没有途径

7. 贵公司是消费养老保险项目的加盟发卡商吗？如果是，请回答第7题；选择否，请回答第8题。

A. 是　　　　　　　　　B. 否

8. 每月能够发卡的数量有多少？

A. 0—20 张　　　　　　B. 20—50 张

C. 50—100 张　　　　　D. 100 张以上

9. 没有选择成为加盟发卡商的原因是什么？（可多选）

A. 不知道可以加盟发卡　B. 发卡资质费收费较高

C. 没有兴趣参与　　　　D. 不清楚参与有什么好处

E. 其他原因（请说明）＿＿＿＿＿＿＿＿

10. 贵公司在成为消费养老保险定点单位以后，享受到哪些组织方的政策扶持、优惠或培训？（请说明）＿＿＿＿＿＿＿＿＿＿＿＿

＿＿＿＿＿＿＿＿＿＿＿＿＿＿＿＿＿＿＿＿＿＿＿＿＿＿＿＿＿＿＿＿

11. 对于本项目的实施有哪些建议和意见？

（请说明）＿＿＿＿＿＿＿＿＿＿＿＿＿＿＿＿＿＿＿＿＿

附录2　四川省消费养老保险项目的
可行性论证调研

尊敬的先生/女士：

我们是四川省哲学社会科学《消费养老》项目研究课题组，正在做关于各年龄阶层对消费养老模式的认知及需求的调查活动，想了解您对消费养老的意见及建议。您的反馈对我们的调查研究具有

重要的意义。也许会占用您几分钟的时间，希望得到您的理解和支持，谢谢。

1. 年龄：［单选题］［必答题］

A. 18—30 岁　　　　　　　　　B. 31—40 岁

C. 41—50 岁　　　　　　　　　D. 50 岁以上

2. 性别：［单选题］［必答题］

A. 男　　　　　　　　　　　　B. 女

3. 您现在生活的地区是：［单选题］［必答题］

A. 成都　　　　　　　　　　　B. 攀枝花

C. 西昌　　　　　　　　　　　D. 德阳

E. 广安　　　　　　　　　　　F. 南充

G. 简阳　　　　　　　　　　　H. 遂宁

I. 四川省内其他城市

4. 您的月收入水平：［单选题］［必答题］

A. 2000 元以下　　　　　　　　B. 2000—5000 元

C. 5000—10000 元　　　　　　　D. 10000—15000 元

E. 15000—20000 元　　　　　　　F. 20000 元以上

5. 目前您的单位或个人，通过哪些途径为职工积累养老金：［多选题］［必答题］

A. 基本养老保险　　　　　　　B. 企业年金

C. 个人购买商业保险　　　　　D. 其他福利

6. 根据第 5 题中的回答，您认为通过这些途径积累的养老金，能够为您退休后的生活质量提供充分的保障吗？［单选题］［必答题］

A. 完全可以

B. 部分保障，我还希望通过其他渠道多积累一些养老金

C. 远远不够退休后的生活所需

D. 我还年轻，没有考虑过如何保障退休后生活的问题

7. 您听说过"消费养老"项目吗？［单选题］［必答题］

A. 有　　　　　　　　　　　　B. 从来没有

提示："消费养老"项目是当您使用"消费养老卡"在加入了"消费养老项目"的商家购买商品或服务时，商家按照您的消费金额的一定比例赠予返利积分，积分可以兑换为现金，用于购买保险公司的养老保险产品，当您退休时获取养老金返还。从而通过商家的让利使消费者无负担、无压力，在满足日常消费的同时，轻松积累养老金。

8. 您考虑办理一张"消费养老卡"吗？［单选题］［必答题］

A. 已经办理

B. 有兴趣进一步了解消费养老项目

C. 观望一下再说

D. 不准备办理

提示：办理一张卡片需交纳 20 元卡片管理费。

9. 以下加入消费养老项目的行业中，您倾向在哪些行业使用消费养老卡：［多选题］［必答题］

A. 美容美发　　　　　　　B. 食品、餐饮

C. 休闲娱乐　　　　　　　D. 医药

E. 百货　　　　　　　　　F. 家居建材

G. 教育　　　　　　　　　H. 旅游、酒店

I. 其他

10. 您选择使用消费养老卡进行消费时，有哪些顾虑：［多选题］［必答题］

A. 担心商家没有真正让利，通过虚增商品销售价格，让消费者埋单

B. 个人资料、账户信息被盗用

C. 消费积分兑换不及时

D. 商家倒闭导致没有办法按期、足额承兑积分

E. 保险产品投资的安全性难以得到充分保障、投资信息反馈的透明程度不够

F. 其他原因

11. 不考虑加入消费养老项目的原因是：［多选题］［必答题］

A. 搞不清楚国家、政府对此类项目的态度，不太信任

B. 担心项目还处于萌芽状态，消费者不受保护

C. 对项目最终效果如何持怀疑态度，我没有意向尝试

D. 我还年轻，没有考虑过如何保障退休后生活品质的问题

E. 其他原因

参考文献

［1］《第六次全国人口普查主要数据发布》，中华人民共和国国家统计局网站，http：//www. stats. gov. cn/tjfx/jdfx/t20110428 ＿402722238. htm，2016 年 1 月 6 日。

［2］四川省老龄办：《基于第六次人口普查结果的四川未来 30 年人口老龄化预测》。

［3］国务院印发《关于完善城镇社会保障体系的试点方案》。

［4］国务院印发《关于加快发展现代保险服务业的若干意见》。

［5］张继肖：《消费养老保障对提高社会福利函数的作用——兼谈消费养老保险项目及前景》，《经济与管理》2011 年第 3 期。

［6］陆曦：《消费养老保障模式理论与可行性》，《经管研究》2011年第 8 期。

［7］王再文：《构建多元化体系"消费养老"应运而生》，《中国保险报》2012 年 1 月 4 日。

［8］李萍：《"消费养老"能否走下去》，《中国税务报》2012 年 2月 8 日。

［9］黄东阳：《我国社会养老保险对城镇居民消费的影响研究》，硕士学位论文，湖南师范大学，2014 年，第 7—9 页。

［10］黄叶青：《福利多元主义：理论逻辑的发展与三个类型福利国家的实践》，硕士学位论文，南开大学，2008 年。

［11］汪大海、张建伟：《福利多元主义视角下社会组织参与养老服务问题——"鹤童模式"的经验与瓶颈》，《华东经济管理》2013 年第 2 期。

［12］傅允生：《去奢从简：中国古代消费观溯源——从孔子、老子消费思想说起》，《现代财经》2000 年第 10 期。

[13] 王悦威:《中国扩张消费需要跨越四道坎》,新华网网站,ht-tp://news. xinhuanet. com/fortune/2010 − 05/27/C_ 12146453_ 2. htm,2016 年 3 月 1 日。

[14] 何松:《"以房养老"之选择——住房反向抵押贷款探析》,硕士学位论文,北京交通大学,2010 年,第 13—17 页。

[15] 唐旭:《浅谈消费养老》,《企业导报》2012 年第 3 期。

[16] 郑木清:《养老基金投资监管立法研究》,中国法制出版社 2005 年版,第 59—62 页。

[17] [美] 亚历山大·奥斯特瓦德、伊夫·皮尼厄:《商业模式新生代》,王帅等译,机械工业出版社 2015 年版,第 11 页。

[18] 国家邮政局发展与研究中心:《中国快递行业发展报告 2014》。

[19] 邢南霞:《"消费养老"模式探析——基于重庆市"消费养老"试点项目调查》,硕士学位论文,华中科技大学,2014 年,第 49 页。

[20] 殷俊:《人口老龄化、退休年龄与基础养老金长期偿付能力研究》,《理论与改革》2012 年第 4 期。

[21] 蓝霞、王伟:《积极发展商业养老保险,完善中国现行"三支柱"养老保障体系》,《经济研究导刊》2010 年第 19 期。

[22] 李芝:《我国推行"五支柱养老金制度"分析》,《社会保障研究》2009 年第 3 期。

[23] 袁中美:《延迟退休与养老金替代率的研究》,《人口与经济》2013 年第 1 期。

[24] 艾慧、张阳、杨长昱、吴延东:《中国养老保险统筹账户的财务可持续性研究——基于开放系统的测算》,《财经研究》2012 年第 2 期。

[25] 唐运舒:《国内外理论和实践对中国基本养老金市场化投资的启示》,《经济研究参考》2012 年第 60 期。

[26] 张雄:《退休年龄对劳动参与率的影响》,《西北人口》2009 年第 30 期。

［27］ 马孝先：《股票市场风险与养老金制度的选择》，《上海财经大学学报》2011 年第 3 期。

［28］ 王焕清：《我国养老保险的模式选择与基金缺口预测》，《统计与决策》2012 年第 19 期。

［29］ 吕志勇、王霞、张良：《新政策下养老保险基金收支平衡精算模型的相关因素分析——以山东省为例》，《山东大学学报》（哲学社会科学版）2009 年第 1 期。

［30］ 骆正清、陆安：《我国养老保险制度的个人退休账户缺口的精算模型及影响因素分析》，《统计与决策》2010 年第 17 期。

［31］ 陆安：《个人账户养老金缺口的精算模型与实证分析》，《华中科技大学学报》（社会科学版）2010 年第 3 期。

［32］ 赵斌、原浩爽：《我国基础养老金财务平衡与可持续性分析——基于财政合理支付视角》，《财经科学》2013 年第 7 期。

［33］ 蔺丰奇：《政府财政责任视角下的养老金缺口及其解决策略》，《社会福利》（理论版）2013 年第 6 期。

［34］ 刘植荣：《延迟退休能否行得通》，《人力资源》2012 年第 7 期。

［35］ 胡宏伟、郭牧琦、陆耀明、魏炜：《老年消费者保险需求的影响因素分析——基于社会保障和健康状况的考察》，《广东金融学院学报》2012 年第 3 期。

［36］ 邓聚龙：《灰预测与灰决策》，华中科技大学出版社 2002 年版，第 35—40 页。

［37］ 刘思峰、党耀国、方志耕、谢乃明：《灰色系统理论及其应用》，科学出版社 2010 年版，第 100—103 页。

［38］ 高宝霖、陈军涛：《年金结构互补与养老保险的多位一体》，《求索》2010 年第 3 期。

［39］ 郭士征：《社会保险基金管理》，上海财经大学出版社 2006 年版，第 200—205 页。

［40］ 张桂喜：《经济预测、决策与对策》，首都经济贸易大学出版

社 2003 年版，第 132 页。

［41］张印芹、校飞：《中国养老保险个人账户空账运转问题研究》，《宁夏社会科学》2011 年第 5 期。

［42］刘慧：《基于灰色 BP 神经网络的重庆市基本养老基金收支预测研究》，硕士学位论文，重庆师范大学，2012 年。

［43］李建芬、刘德伟：《美国养老保险制度改革及其对我国的启示》，《当代经济管理》2010 年第 10 期。

［44］张延群：《中国经济中长期增长潜力分析与预测：2008—2020 年》，《数量经济技术经济研究》2009 年第 12 期。

［45］张宁、樊毅：《企业年金替代率精算模型及实证测算》，《统计与决策》2010 年第 1 期。

［46］谢杰：《中国新企业年金替代率测算及敏感性分析》，《西北人口》2010 年第 6 期。

［47］刘军丽：《性别因素对企业年金替代率影响的实证分析》，《中国劳动关系学院学报》2011 年第 5 期。

［48］徐颖、张春雷：《基于 MCMC 随机模拟的企业年金投资收益率的测算》，《统计与决策》2008 年第 24 期。

［49］杨帆、郑秉文、杨老金：《中国企业年金发展报告》，中国劳动社会保障出版社 2008 年版，第 231 页。

［50］朱彦云：《精算模型——寿险和年金》，高等教育出版社 2008 年版，第 305 页。

［51］杨长汉：《中国企业年金投资运营研究》，经济管理出版社 2010 年版，第 101—121 页。

［52］殷俊：《中国企业年金计划设计与制度创新研究》，人民出版社 2008 年版，第 129 页。

［53］胡唐明：《基于公共产品视角的公共图书馆免费开放运行机制研究》，《图书馆论坛》2012 年第 2 期。

［54］陆曦、张继肖、于喜明：《天津地区推广消费养老保险的模式探析》，《城市探索》2011 年第 10 期。

［55］人力资源和社会保障部：《2012 年度人力资源和社会保障事

业发展统计公报》，2013 年。

[56] 陈瑜：《消费资本论——消费资本理论与应用》，中国统计出版社 2012 年版，第 2—14 页。

[57] 陈之楚：《中国社会养老保障制度研究》，中国金融出版社 2010 年版，第 3 页。

[58] 赵艺：《改进的 GM（1，1）模型在基本养老金缺口预测中的应用》，《统计与决策》2014 年第 19 期。

[59] 赵艺：《企业年金替代率精算模型的构建拟合与预测》，《统计与决策》2015 年第 11 期。

[60] 赵艺：《消费养老保险理论及应用的研究》，《商情》2013 年第 29 期。

[61] 赵艺：《改革中的中国养老：趋势、效果与建议》，现代出版社 2015 年版，第 90—128 页。

[62] Feldstein, M. , "Social Security, Induced Retirement and Aggregate Capital Accumulation", *Journal of Political Economy*, Vol. 82, No. 5 , 1974, pp. 905 – 926.

[63] Wilcox, "Social Security Benefits, Consumption Expenditure, and The life Cycle Hypothesis", *Journal of Political Economy* , Vol. 82, No. 5, 1989, pp. 288 – 304.

[64] Zant, W. , "Social Security Wealth and Aggregate Con – sumption: An Extended Life – cycle Model Estimated for the Netherlands", *De Economist* , Vol. 136, No. 1, 1988, pp. 136 – 153.

[65] Parker, "The Reaction of Household Consumption to Predictable Changes in Social Security Taxes", *American Economic Review*, Vol. 97, No. 2, 1999, p. 126.

[66] Carman, Gokhale Kotlikoff, "The Impact on Con – sumption and Saving of Current and Future Fiscal Policies", *NBER Working Paper*, No. 10085, Vol. 27, No. 3, 2003, p. 116.

[67] Holzmann, R. , Hinz, R. P. , Dorfman, M. , "Pension Systems and Reform Conceptual Framework", *World Bank Working Paper*,

June, No. 6, 2008.

[68] Bovenberg, l., Anja, V. L., "Pension Policies and the Aging Society, Organization for Economic Cooperation and Development", *The OECD Observer*, 1997, April, Vol. 1, pp. 17 – 20.

后　记

　　截至 2010 年 11 月,我国 60 岁及以上人口占 13.26%,比 2000 年人口普查上升 2.93 个百分点,其中 65 岁及以上人口占 8.87%,比 2000 年人口普查上升 1.91 个百分点,我国已经全面进入了人口老龄化社会,并且老龄化程度还在不断地加剧,国家养老的压力越来越大。如何应对好这次历史性的人口数量和人口结构转变对社会养老保障体系的挑战,国家正在不断地丰富和完善多层次的社会养老保障体系。然而,现实数据表明,2014 年我国基本养老保险替代率仅达到 48.2%,且仅覆盖了 80% 左右的劳动者;企业年金制度的覆盖面更低,全国仅占不足 20%,大批劳动者无法通过基本养老保险实现充足的养老需求,也无法参与到企业年金计划中来。商业性养老保险虽然有较大的发展空间,但由于投保成本较高,在中低收入水平居民中推广存在一定的阻碍。因此,改革中的中国养老,对养老金筹集渠道进行多元化的设计势在必行。

　　自从国家统计局公布第六次人口普查数据起,我就开始对老年人问题抱以足够的关注度,尤其是对老年人的养老模式、养老金筹集渠道的问题产生了浓厚的兴趣。同时,消费养老保险项目在重庆市的试点激发了我思想的火花,经过资料搜集、研究分析和思考已经近五年时间,本书是近五年来研究的结晶。在本书完成撰写的同时,我与四川省政协委员共同撰写的政协提案《关于在我省试点开展消费养老保险项目的提案》获得了政协四川省十一届委员会第四次会议立案,并得到了相关主管部门的肯定意见和批示。

　　本书的出版凝聚了很多人的付出和努力。他们是西南石油大学经济管理学院高军教授、任皓教授、余晓钟教授、刘鸿渊教授、陈怡男教授、何文胜副教授，感谢他们的长期支持、鼓励和帮助，为我树立了严谨治学、孜孜以求的榜样；还有电子科技大学易兴文教授，四川省社会科学院刘宇研究员，攀枝花市人力资源和社会保障局刘忠杰局长，攀枝花市社会保险管理局贺江都常务副局长，成都市科技协会周晓翔秘书长以及四川省哲学社会科学规划项目团队成员西南财经大学梁平汉副教授、廖林副教授，电子科技大学肖悦副教授和西南石油大学刘可等老师，感谢他们在项目研究过程中给予的悉心指导和建议，是他们默默无私的付出和团结合作的精神使得项目得以顺利展开。

本书的出版获得了四川省哲学社会科学规划青年项目、四川省科技厅软科学项目、四川省留学回国人员科技活动择优资助项目、成都市科技局软科学项目、区域公共管理信息化研究中心项目的资助，这些资助对于科研刚刚起步的年轻学者来说是一种极大的鼓舞和鼓励。在本书的撰写过程中，也得到了重庆金拐杖养老服务有限公司、老年大学、社区和养老机构以及多家老年人网站的支持，使我从中汲取了研究灵感，也深深地体会到了作为一名养老领域研究学者的紧迫感和社会责任感。同时，我所指导的研究生、本科生同学也积极协助我开展文献资料和研究数据的收集、梳理和处理分析，付出了大量的时间、精力和努力，通过参与研究不仅使他们的学术水平、开展科研的能力取得了明显的进步，成长为优秀的毕业生，同时，我作为他们的指导教师，也为他们的不懈努力和聪明才智感到骄傲，也祝福他们在未来的工作岗位上能够发挥自己的才能，成为国家的栋梁。在写作期间，我经历了十月怀胎的辛苦，伴随着可爱女儿的降生，也让我体会到了初为人母的喜悦，感谢父母们和爱人无微不至的体贴、照顾，让我能够持之以恒地投入到科研工作中，也更激励着我勤奋研究，安心写作，为中国养老问题的学术研究尽到绵薄之力。中国社会科学出版社对于本书的出版也提供了便利，特别是责任编辑王曦博士，为我提出了很多宝贵的建议和意见，令我受益匪浅。谨在此一并表示我最衷心和最诚挚的感激。

养老问题的研究任重而道远，作为一项阶段性的研究工作，虽然迄今为止暂告一段落，但仍旧具有不断改善、拓展的空间供我们去探索、研究，希望本书能够为相关领域的研究学者、同人带来抛砖引玉的作用。本书中难免有错误和疏漏之处，敬请各位读者不吝赐教，以期在我接下来的研究中能够加以完善。

赵　艺

2017 年 3 月